車内のポスターに見つけた言葉

　たしかあれは，羽田空港に向かう途中，山手線の電車の中だったと思う。私は車両の中ほどに立っていたのだが，そこから離れた壁に1枚のポスターが貼られていた。

　ポスターの中の写真は，林の中に佇む三角の建物。その横に，数行の文字が並んでいる。目を凝らして見ると，少し大きな文字で書かれてある最初の2行が読めた。

　　　伝え合うより，

　　　受け取り合うこと。

　そう書いてある。

　何のポスターなのか，この時はまだわからなかったが，なるほど，と思った。

　授業もそうかもしれない。

　自分の意見を伝えようとすること，伝え合いながら学びを進めていくことは確かに大事である。しかし，他者の考えをよく聞くことも大切にされなければならない。

　ただ聞くだけではなく，言っている内容をきちんと解釈する必要もある。なぜ，そう考えたのかということについても思いを寄せ，「うん，わかるよ」「その目の付け所はいいね」のように気づけるとよい。

　さらに，それで終わらせることなく，その意見に対して自分はどう考えるのか，どういう立場をとるのか，自分は次に何をしようと思うのか，関連する考えや方法はないだろうかのように，考えを先に進めたり，視点を広げたりできるとよい。

　「受け取り合う」という言葉に，これらのことが全て詰まっているように感じた。

　そして，それは「伝え合う」ことよりも意識しなければならないことかもしれない。そんなことを思った。

　車内は，通路に立っている客も多かったため，そのポスターに近づいて小さな文字まで読むことができなかった。が，下の方に「高原教会」と書いてあることはわかった。

　その後，すぐに乗り換え駅に到着したため，それ以上はわからないまま，空港に向かうモノレールに乗り換えた。

　先ほどのポスターが気になり，スマホを取り出して，「高原教会」と検索してみると，「軽井沢高原教会」がヒットした。サイトを開いてみると，「メッセージ」の中にポスターの言葉が書かれてあった。

　この言葉は，結婚してこれから新たな生活を始めようとしている新郎新婦に向けたものなのだろう。でも，授業づくりでも大切にしたいと思った。

　「メッセージ」には，他の言葉もあった。最初に目に飛び込んできたのは，次の言葉。

　　　辿り着くまでを

　　　楽しめたなら。

　人と人がお互いのよさを認めながら，新しいものを創り上げていくときに大切にすべきことは共通しているのかもしれない。

　〔参考〕軽井沢高原教会　公式サイト

　　https://www.karuizawachurch.org/

149号編集担当　夏坂哲志

自立した学び手の育成につながる評価

夏坂哲志

1 授業のねらいと評価

授業研究会で，時々，評価のことが話題になる。「指導案に評価のことが書かれていないために，授業が混乱してしまうのではないか」のような指摘である。確かに，方針が定まらず，授業が迷走してしまうことがあり，その原因が評価の仕方にある場合もある。その点は反省しなければならない。

しかし，評価を軽んじているわけではなく，むしろ授業の中における一瞬，一瞬の子どもの反応をつぶさに観察し，その時の子ども達の状況を的確にとらえ，授業のねらいに向かうための指示や発問を選択しているつもりである。

子どもの反応が，授業前に予想したものである場合には，評価も予定通りに行うことができるかもしれない。ところが，子どもの反応をこれまでの経験をもとに，何通りも予想するのだが，それに当てはまらない考えや疑問などが出てくると，それをどのように受け止めればよいのか，困惑してしまうこともある。

子どもは，教師が提示した問題を見て，教師が発した言葉を聞いて，考えたことや感じたことを素直に表現しているだけである。それを，あらかじめこちらが用意した規準に照らし合わせようとしても，それは必ずしも正しい評価には結びつくとは言えない。

そう考えると，指導案の展開の中に，「ここで，これを，このように評価する」とあらかじめ記したとしても，その通りにできるとは限らない。子どもの反応を何通りか予想するのと同様に，評価についてもそのタイミングや方法を一つに限定せずに，柔軟に対応することが求められる。

その結果，授業でねらう方向に進むことができるとよい。

2 多様な視点をもつ

子どもには，個々にその子の特性があり，それに合わせた評価も必要になる。

よく発言するが，自分の考えをよく吟味せずに，思いつくとすぐに手を挙げる子もいれば，発言は多くはないが，他の子の意見に耳を傾けて，じっくりと自分の考えをつくりあげていく子もいる。表面的には，前者の方がよく考えているように見えるが，実際は後者の方が深く考えているということになる。

このような子どもの姿を適切に評価していくための方法についても考えていかなければならない。

「授業の中に，評価問題を取り入れるべき

「あまりの1cmも分けられるんじゃない？」

『この図じゃおかしい気がするよ。
　　とり算の取り方みたい』

『両側から取っていけば，
　　真ん中があまる図ならいいと思う』

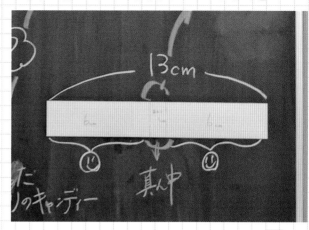

評価 📝 新たな問いを発見している子と気付いていない子を見取り，
　　　　共有のタイミングを図る。

「わけ算の話はあまりが出てこないのかな？」

『こっちは，あまりを2人で
　　分けられる気がするよ』

『だったら，わけ算のお話の13÷2＝6
　　あまり1の式はおかしい気がする』

『1cmを$\frac{1}{2}$，半分に分けると
　　5mmだから，6cm5mmになる』

評価 📝 学習感想などから，本時の学びを見て，
　　　　次時の授業に活かす。

FEATURES

自立した学び手の育成につながる評価

表紙解説　「4コマ造形発想／点と線，曲線と直線（A point and a line, a curve & straight line）」　八洲学園大学 特任教授　佐々木達行
　テーマの表現主題は，「点と線，曲線と直線」である。右上は点の集積として共通のモチーフ，デフォルメ（変形）した「たつ魚」を，右下は4種の直線，左上に8種の曲線の構成例として描いた。左下に直線と曲線を組み合わせたて構成例である。4画面での点と直線，曲線の比較表現である。これらの4画面は，「点と線，曲線と直線」を視点とした造形発想の原点である。色彩は任意の表現である。

だ」といった意見もあるが，それによって子どもの思考する時間が浅いものになるとすれば，それは本末転倒ということになる。一様に，毎時間取り入れることには無理があるだろうし，何のための評価問題なのかという問い直しが必要になる。

また，本校では，「まなびポケット」というクラウドプラットフォームを利用しているが，子どもが自分専用の PC などをもつようになると，ノートや紙の小テストだけではなく，また，授業時間だけでなく，様々な方法で子どもの学びの状況を把握できるようになってきている。

そうなると，評価の仕方も子どもの特性に応じたものに変えていかなければならないだろう。

③ 学習指導要領における評価の観点

今回の学習指導要領では，評価の観点が，育成を目指す資質・能力の３つの柱に沿って，「知識・技能」「思考・判断・表現」「主体的に学習に取り組む態度」の３つに再整理された。これにより，指導と評価を一体化させやすくなると期待されている。

その方法としては，評価規準を作成し，行動観察（発言・表情・つぶやき・手の動き……）やノート分析（考えの変化，誤答，試行錯誤の跡，他の子の考えに対する自分の意見，授業後の感想……）によって評価することが示されているが，毎日の授業の中で，多種多様な考え方や理解度を瞬時に細かく分析することは容易なことではない。

特に，評価の観点の一つである「主体的に学習に取り組む態度」では

① 知識及び技能を獲得したり，思考力，判断力，表現力等を身に付けたりすることに向けた粘り強い取組を行おうとしている側面

② ①の粘り強い取組を行う中で，自らの学習を調整しようとする側面

という二つの側面を評価することが求められるが，「粘り強く取り組めているかどうか」はどうやったら見取ることができるのか，粘り強く取り組めていない子がいたときに教師は何をすべきなのか，のように，実際の指導に活きる評価のあり方について，現場の先生方は頭を悩ませている。

そういった悩みを解決するヒントを，本号において得られることを期待している。

④ 自立した学び手を育てるための評価

今年度，筑波大学附属小学校算数部では，算数の授業を通して「自立した学び手」を育てることを大きなテーマとして掲げ，公開講座や本誌の誌面でもそのための授業のつくり方について提案を続けてきた。

これはあくまでも私見だが，「自立」とは自分で（他者の助けも借りながら）世界を切り拓いていくことであり，「自立した学び手」とは，自分に合う学び方を見つけていける人だと考える。

本号でも，「自立した学び手を育てる」という視点から，「評価」について論じていただくことにした。

「主体的に学習に取り組む態度」の学習評価

國學院大學人間開発学部　田村　学

1 評価規準の明確な設定

　具体的な学習活動に応じた評価規準を設定できることが求められている。評価規準を明確な言語で示すことは，学習活動において育成を目指す子供の姿を鮮明にすることでもある。それは，子供の姿を確かに見取り妥当性と信頼性の高い学習評価を実現することにつながる。また，授業における学習活動のイメージが明らかになり目指す授業の実現可能性を高めることにも結び付く。

　その意味では，評価規準を授業者が設定できること，しかも，可能な限り具体的な言葉で設定できることが大切になる。例えば，「①おもちゃを改良する方法について，真剣に考えている」と評価規準を設定したとしよう。この評価規準によって，どのような資質・能力が育成されたかを診断し，判断することができるだろうか。「真剣に」の言葉から，目を見開いて，じっくりと，「うーん」とうなりながら改良している姿を評価すれば

よいのだろうか。それではあまりにも曖昧ではないだろうか。子供がおもちゃを改良する方法について，どのような思考を発揮することを期待しているのかを明確に言語化したい。そのためにも「②友達のおもちゃと比べたり，動きの原因を探ったりしながら，おもちゃを改良する方法をアイディアシートに書き込んでいる」と表記してはどうだろうか。

　ここでの①と②はどこが違うのか。一つは，子供の中で行われる認識のための手続き的知識としての思考スキルが明示されているかどうかにある。①は「真剣に考えている」としているのに対して，②は「比べたり」「原因を探ったり」として，情報を処理するための認識の仕方として「比較」「因果」を期待していることが明らかにされている。後者であれば，友達と比べたり，動きの問題点の原因を追究したりする姿が期待されるわけだから，授業における学習活動も，当然，他者との比較場面が用意されるであろうし，動きの問題状況を炙り出し，その原因究明に向かうような授業を設計することとなろう。

　もう一つの違いは，②では子供の行為する姿が明示されているが，①はその姿が曖昧になっている。「アイディアシートを書き込んでいる」場面は容易にイメージでき，その活動場面の子供の記述を診断し評価することが行われることとなる。

　このように考えていくと，「思考・判断・表現」に関しては，評価規準において，情報を処理する手続き的知識としての思考スキルを明示できるかどうかが大きな鍵を握ること

が分かる。

　一方で，「主体的に学習に取り組む態度」においては，どうだろうか。例えば，「①野菜の栽培に熱心に取り組んでいる」と評価規準が示されたとしても，我々はどのように診断し判断すればよいのだろうか。やはり曖昧ではないか。そこで，「②クラスの友達と力を合わせながら，野菜の世話を続けている」と評価規準を言語化してはどうか。ここにも，先ほどと同様の二つの違いが生じていることは容易に理解できよう。期待する行動としての好ましい態度は「力を合わせる」ことであり，それは「協働」する姿を目指していることである。好ましい態度を表す言葉，すなわち非認知系の知識が明確に示されることが鍵となる。この非認知系の知識を分かりやすくイメージさせるものとして「性格特性の五因子」を参考にしてはどうかと考えている。

② 「主体的に学習に取り組む態度」の評価規準

　「主体的に学習に取り組む態度」の評価に際しては，単に継続的な行動や積極的な発言を行うなど，性格や行動面の傾向を評価するということではなく，各教科等の「主体的に学習に取り組む態度」に係る観点の趣旨に照らして，知識及び技能を習得したり，思考力，判断力，表現力等を身に付けたりするために，自らの学習状況を把握し，学習の進め方について試行錯誤するなど自らの学習を調整しながら，学ぼうとしているかどうかという意思的な側面を評価することが重要である。

　このことを，下図の「知識の構造化 Ver 2.0」に基づいて次のように定義していく。

　下図の④に示しているように「主体的に学習に取り組む態度」は，事実的知識と手続き的知識と非認知系の知識が一体となり統合した状態に向かうことであり，この手続き的知識の中核的な存在として，例えば，「性格特性の五因子（誠実性・外向性・協調性・開放性・安定性）」を位置付けていく。その結果，「主体的に学習に取り組む態度」の評価規準は，誠実で，外向的で，協調的で，開放的で，安定的な子供の姿を期待して言語化されることになる。

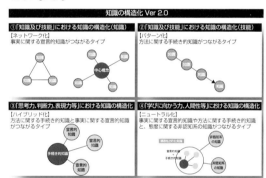

　「主体的に学習に取り組む態度」として期待する姿は，「粘り強さ」や「学習の調整」が，新たな視点として提言された。それは，知識及び技能を獲得したり，思考力，判断力，表現力等を身に付けたりすることに向けて粘り強く取り組むこと，その粘り強い取組を行う中で，自らの学習を調整する態度が期待されていることを意味する。しかし，期待する態度がどのような姿であるかは，明確に言語化しなければイメージができない。また，期待する態度はこの二つだけでよいのかも気になる。なぜなら，学習指導要領においては，

「主体的に学習に取り組む態度」につながる「学びに向かう力，人間性等」は，内容の水準で記載がされていない教科等が多いからである。そこで，期待する態度を「性格特性の五因子」を基に以下のように言語化しイメージする。例えば，「誠実に，責任をもっていること」「何事にも積極的で，自ら前向きであること」「誰とでも，力を合わせること」「開かれた心で，柔軟であること」「いつも変わらず，安定していること」とする。これを主要な期待する態度として位置付けることが「主体的に学習に取り組む態度」を明確にする近道であると考えた。こうすることで，曖昧で，わかりにくさを伴う「主体的に学習に取り組む態度」の評価規準を具体的に言語化することが可能になる。

表記のイメージとしては，以下のフォーマットに揃えていく。
「○○において，△△しながら（して），□□しようとしている」（○○は場面や状況，△△は好ましい態度としての非認知系の知識，□□は実際に行われる行為）

なお，△△に挿入する手続き的知識の具体的なサンプルとしては，例えば以下が考えられる。

誠実性：何度も繰り返しながら
　　　　ゴールや目標を明確にしながら
外向性：前向きに取り組みながら
　　　　自分の考えをはっきりと伝えながら
協調性：互いのよさを生かしながら
　　　　それぞれの思いを摺り合わせながら
開放性：他者の意見に耳を傾けながら
　　　　異なる考えを参考にしながら
安定性：いつも変わらずに
　　　　状況が変化しても変わらずに

3 非認知系の知識としての「性格特性の五因子」の活用

育成を目指す資質・能力の三つの柱については，「知識及び技能」「思考力，判断力，表現力等」を認知系，「学びに向かう力，人間性等」を非認知系と整理することができる。認知系とは，点数化，数値化しやすくペーパーテストなどでも測定ができるものと考えることわかりやすい。非認知系は，点数化，数値化しにくく，ペーパーテストなどでは測定しにくいものと考えることができる。この非認知系の能力が注目され，認知系の能力にも大きく影響することが明らかになってきている。非認知系の能力については，中山が『国語教育（明治図書）2021年2月号　No.854』において，以下のように記している。

………………………………………………

非認知能力（Non-Cognitive Skills）という呼称の端緒であり，注目を集めるきっかけとなったのが，2000年にノーベル経済学賞を受賞したジェームズ・J・ヘックマンである。彼は，基礎学力や収入・持ち家率などに非認知能力が関与していることを明らかにした（Heckman and rubinstein 2001）。このように非認知能力が経済学的見地から進学や進路，社会的な成功へ重大な影響を持つことを示して大きなインパクトを与えた。（中略）

このような時代背景の中，アメリカに拠点

を持つ世界的なネットワーク機関CCR（Center for Curriculum Redesign）では，21世紀の学習者像として「教育の4次元」を2015年に提言した。この中の一つとして，どのように社会・世界とかかわるかという「人間性」が明確に位置付けられた。また，我が国の学習指導要領において生きる力の一つとして新たに「学びに向かう力，人間性等」が位置付けられたことは周知の通りである。これらが数値化できない非認知能力であることは言うまでもない。さらに，OECD 経済協力開発機構（2015）の言う「社会情動スキル（Social Emotional Skills）」では，「目標を達成する力」「他者と協働する力」「情動を制御する力」といった3つの枠組みによって整理された。その上で，社会情動スキルと認知スキルは，上述したヘックマンの検証と同様に双方の力が対立するどころか，相互作用的な関係があることが示唆された。

···

中山は，こうした記述に加えて，非認知能力を客観的に数値化できない状況に依存する内面的な能力としてしまっては，あまりにも幅広く多様な能力が羅列されることが危惧されることから，先に示した三つの社会情動スキルや「性格特性の五因子」等を援用して整理する枠組みを提案している。

「主体的に学習に取り組む態度」の評価については，「粘り強さ」「学習の調整」が大切な視点として示された。このこと自体は，これまでの「関心・意欲・態度」の評価に対する曖昧さを払拭し，非認知能力の評価に関し

ての前進を感じさせる。一方で，「粘り強さ」の外に，どのような評価規準を言語化していくのかがイメージしにくいという側面もないわけではない。そこで，「性格特性の五因子」を活用することで「主体的に学習に取り組む態度」の評価規準の言語化に大きな手助けになるのではないかと考えてきた。

例えば，算数科では，「楽しんで学んでいる」「主体的に計算の仕方を考えようとしている」などの評価規準では，これまで記してきたように曖昧さを伴う。そこで，「性格特性の五因子」の言語サンプルなどを参考にして，算数科における好ましい態度に向かう非認知系の知識（2. の評価規準フォーマットにおける△△の部分）を言語化してみる。それは，「解決に向けて諦めず繰り返しながら」「自分の力で解決することを大切にしながら」「学習過程の妥当さに目を向けながら」「結果と問題との整合性を確認しながら」「互いの考えのよさや違いを受け入れながら」「異なる解決方法を様々に見出しながら」「手際よく無駄なく解決しようとしながら」「身の回りの暮らしや生活に目を向けながら」などと例示することができるのではないか。

「主体的に学習に取り組む態度」の評価規準を，具体的にシャープに言語化することが求められる。先に示した言語サンプルを参考に，どのような子供の姿を期待しているのかを，明確にしていくことを心がけたい。

【参考・引用文献】
・拙著「学習評価」（東洋館出版社）

計画的かつ意図的な「思考・判断・表現」の評価で，授業を改善する

昭和学院小学校　山本良和

1 「思考・判断・表現」の評価のとらえ

「数学的な見方・考え方を働かせ，数学的活動を通して，数学的に考える資質・能力を育成する」この算数科の目標の実現を目指して行われている日々の算数授業では，目標が達成されているかどうか，計画的かつ継続的に子どもの姿を通して評価することが求められている。ただ，数学的に考える資質・能力の評価の観点の1つである「思考・判断・表現」に関しては，これまでも多くの教師が子どものどのような姿をどのように見取ればよいのかよくわからないと感じ，難しいと感じてきた。そのため，単元の学習後に行う業者テストで「思考・判断・表現」と評価の観点が示されている問題の点数によって評価する教師も少なくないという実態がある。そのような姿勢は，算数を専門としていない教師ほど顕著であって，「思考・判断・表現」の評価のあるべき姿についてあまり深く考えていない場合もある。

ところが，算数教育に関心を持っている多くの教師は，業者テストの「思考・判断・表現」の評価問題を見て，「これで評価になるのだろうか」と感じている。その典型は文章問題。教科書にも出ているような定型的な文章問題が「思考・判断・表現」の評価問題となりうるのかという疑問である。確かに，文章中の数量の関係を正しく読み取ることを「思考」とみなし，その数量に関する情報から演算を決定することは「判断」と見られなくもないし，書き表された図や式は「表現」に違いない。しかし，例えば「かけ算」という単元名が書かれたテストの文章題で，そこに2つの数が用いられていれば，子どもはその2つの数を用いたかけ算の式を書き表すのは自然なことである。単元名が子どもの思考にバイアスを与えているからである。それでも「思考・判断・表現」を評価できると見てよいのだろうか。

また，そもそも単元末に文章問題を扱っても，そこで見取れるのは「思考・判断・表現」ではなく，「知識・技能」なのではないかという疑問もある。なぜなら，単元の学習内で同じような文章問題を扱っただろうし，その授業がエピソード記憶として子どもに残り，文章問題をもとに立式し答えを求めるという一連の流れが手続き的知識の表れとなっている場合があるからである。言い換えれば，子どもの「思考・判断・表現」を見取るには未知のものに子どもが初めて出合う場が相応しいということである。既に体験済みの問題が与えられても，子どもは獲得した手続き的

知識を適用しているに過ぎない状態となってしまう。

ところで，前掲の算数科の目標の中に示された「数学的活動」は，従前の「算数的活動」以上に子どもの数学的な問題発見や問題解決の過程が重視された概念である。それは，未知の算数の学習内容や身の回りの事象・日常の事象を子どもが数理的にとらえ，そこから自らの学習問題を見出す「数学化」から始まる問題解決の過程を意味する。この「数学的活動」を行う子どもは，必ず「思考」し「判断」し「表現」する。だから「数学的活動」の過程は「思考・判断・表現」を評価する場に相応しい。ただ，「数学的活動」は形式的な手順ではないので教師が直接的に教えて実現できるものではない。「数学化」を継続的かつ計画的な指導によって促し，子どもの問題解決の過程を教師が「価値付け」することで「数学的活動」は成立する。評価で得られた情報をもとに自らの授業設計や指導方法を見つめ直し，日々の授業改善を図っていくわけである。だから教師は，上から目線で子どもを判定するような姿勢で評価に臨むのではなく，自分自身の授業に対する有益な情報を得られる機会であるという謙虚な姿勢で子どもと向き合うことが大事になる。

なお，評価は上に示したように言い換えれば「価値付け」である。当然，良い価値付けもあれば悪い価値付けもあり，評価する主体，即ち教師の「価値観」に基づいて良し悪しが判断される。だから，たとえ同じ子どもの姿を見ても，教師の「価値観」が異なれば下さ

れる評価は異なってくる。「思考・判断・表現」の評価は，まさしく「思考・判断・表現」を教師自身がどのように認識しているかによって変わってくる。前述のように，単元の学習後に業者テストで評価するものなのか，それとも学習対象に初めて出合う場だからこそ評価できるものだととらえるのかという違いも「価値観」の違いの一つである。本稿では，後者のとらえで述べていることを改めて強調しておきたい。

② 自立した学び手を育成する計画的・意図的な「思考・判断・表現」の評価

「思考・判断・表現」の評価にも，教師の授業改善のための評価という視点と子どもの学びのための評価という視点の２つが存在する。つまり，「数学的活動」を促す教師の手立てが有効であるかどうかを見定める視点と，子ども自らが「数学化」を進めようとしているかどうかを見取る視点である。

これらは表裏一体の関係にあり，「数学化」を具現化しようとしている子どもの姿勢や見方，考え方に対する価値付けは，それ以降の子どもの学びの方向付けになるとともに，次時以降の授業で有効な手立てを検討する上で参考となる。ただし，このような価値付けは，評価対象が不明確な授業で偶発的に行っても意味がない。授業設計の段階から「思考・判断・表現」を評価できるように工夫しておくことが重要になる。それは，学習指導案に評価基準（判断基準）を書くことを徹底するというような形式の整備ではなく，算数の授業設計自体の見直しを意味する。例えば，子ど

もに提示する問題場面。次のような定型的な問題は子どもにとって知的な刺激に乏しく、自ら「思考」し始める姿が生まれにくい。

> 折り紙が69枚あります。3人で等しく分けると1人分は何枚になりますか。

そこで、下に示したように情報を削って答えを導くことができないようにしてみたり、逆に問題解決に必要のない余計な情報を含ませたりすると、「数学化」に向かい始める子どもの「思考」が刺激される。

> 折り紙が6□枚あります。3人で等しく分けると1人分は何枚になりますか。

この問題の場合は折り紙の枚数の一の位を示していないので、答えを求めることができない。素直な子どもは違和感を覚える。そこで、「□の数が何だったら答えが求められそうですか」と子どもに委ねてみる。数を自分で決めてよい状況に置かれることで、自分事として問題をとらえる姿が期待される。これが「思考」し始めるきっかけである。そして、この数なら答えがわかりそうだという数を決めること、それが「思考」した結果としての「判断」であり、「表現」でもある。しかし、子どもたちが決めた数は一致しないであろう。0という子どももいれば、3という子どもも現れる。すると、自分とは違う数の存在が刺激となって、「（友達は）どうしてその数にしたのだろう」という新たな問題意識に基づく「思考」が生まれてくる。そして、自分なりに想像した結果、「そういうことか」と納得の「判断」が下されるとともに、「十の位は6だから60枚を3人で等しく分ければ一人20

枚になって、あとはバラの折り紙を分けるんだから3でわり切れる数だったらいい」という「表現」が現れる。その上、「だったら、他にもいい数がある」という新たな「思考」も引き出される。

このように授業設計の段階からどのタイミングでどのような子どもの姿を「思考・判断・表現」と価値づけるべきかということを想定しておくことで、どのような子どもに育てていくのかということが具体的に意識される。つまり、教師が「思考・判断・表現」の評価を計画的かつ意図的に行うことで、子どもの成長が促されるとともに教師の授業改善も推し進められていく。たまたま目にすることができた子どもの姿を見取るのが評価ではなく、評価は単元を通して毎時間の授業で確実に見取れるようにデザインするものであるという意識が重要なのである。

また、本特集テーマにある「自立した学び手」は、自ら「思考・判断・表現」している子どもだと言ってよいだろう。だから、「自立した学び手」の育成にとっても意図的な授業設計と計画的な評価・価値付けの継続が欠かせない。そして、「思考・判断・表現」に関する評価の継続によって自ら問題発見するような学びに向かう力や自己調整力も育まれていく。

なお、日々の算数授業で評価を継続する上で、4月の年度初めと3月の年度末では評価の目的も評価の仕方も異なるということに留意したい。算数授業開きの段階では、子どもの実態を把握することに重きを置いた評価を

行い，中期から後期にかけては子どもの実態に応じて「思考・判断・表現」を伸ばすための評価を行う。つまり評価は，子どもの発達段階や成長に応じて内容が変化するものであるということも意識しておきたい。

さらに言うと，「思考・判断・表現」の育成を目指した授業に現れる子どもの姿は，その全てが授業設計段階で想定した姿と一致するわけではない。思ってもみない子どもの反応を体験するのが授業である。想定外の子どもの姿であっても，教師は即時的・即興的に価値付けをする。これらは「思考・判断・表現」に対する教師の信念がもとになって現れてくる評価であるが，教師自身の算数授業観，・子ども観が成長すれば価値付けも変わってくる。評価の具体は，教師の経験と授業力によって左右されるものなのである。

3 子どもの「思考・判断・表現」の現れ

ところで，どれだけ計画的・意図的に「思考・判断・表現」の評価を行おうとしても，価値づけるべき授業中の子どもの姿を的確にとらえられなければ，子どもを評価することはできないし，自分自身の授業改善に役立てることもできない。評価の対象である子どもの姿が必然的に顕在化するような場の設定の工夫も，教師がすべき大事な準備である。

また，複数の子どもを評価する場合，子ども間で条件を揃えるという原則を意識しておきたい。評価するタイミングに時間差があるとか，事前に与えている情報の質や量に違いがあると，公平な評価とは言えない。結果的に評価した内容の信憑性も下がってしまう。

誰が見ても納得できる情報を子どもの姿から見取れる状況が用意できたならば，それが評価の理想である。そんな外部から見取れる情報の多くは言語情報である。会話として現れる音声言語や文字や図などの表現は，これまでの算数授業でも評価の対象として意識的に取り上げられてきた。ただ，その多くは教師に指名されて答えた言葉や教師の指示にしたがって書いた考えであり，子ども自らが言い始めたり，書こうとしたりしたものではない。「思考・判断・表現」の評価では，子ども自身が検討し始め，結論を見出し，表そうとしているのかというところに価値がある。だから，旧来のとらえでは不十分であると考え，より良い評価のあり方を求めていく必要がある。子どもたちが自由に話している会話や，自ら書き表した文章や図の中にこそ子どもの素直な「思考・判断・表現」が現れるととらえたならば，子どもが思わず話したくなるような「知的な違和感」を仕組んだ教材設定としたり，表現する場を工夫したり……と，その見取りの方法を工夫したい[1]。また，日頃から自分の考えや気づきを随時書き記すノートづくりの習慣化も大事になる。さらに子ども一人一人がタブレット端末を持つ現在では，表現する機会や表現方法，あるいは表現の共有や比較が容易にできる。ICT 機器を有効活用した評価の DX として，アナログの授業では考えられないような評価の仕方の工夫も生み出していきたいものである。

[1] 山本良和（2023）「どの子もわかる算数授業づくりのシン・スタンダード」明治図書出版

子どもの何を
どのように評価するか

盛山隆雄

■1 どのような子どもの姿を捉えるべきか

(1)「援助要請」ができる子ども

　子どもは，最初は保護者や教師の言う通り
に学び始める。数の唱え方や数字の書き方と
いった知識だけでなく，教科書の使い方やノ
ートの書き方などに至るまで，すべて教えて
もらいながら学びがスタートする。そこで大
切なのは，依存できる安心感である。少しで
もわからないことがあったら，尋ねることが
できる。尋ねたら教えてもらえる。その安心
感は，「わからない」と言える態度を育てる
ことになる。

　特に低学年の頃は，わからないことや迷っ
たことがあったら，「友だちや先生に尋ねる」
を学び方の一つとして教えることが大切であ
る。そして，実際に子どもがわからないこと
を尋ねてくることがあったら，本人が明るい
笑顔になるまで丁寧に対応する。こういった
経験は，授業中に「なんでこうなるの？」と
問いを発することができるようになるための

礎となる。

　わからないことを質問したり，うまくいか
ないときに助言を求めたりする態度は，学習
方略の一つとして「援助要請」と言われてい
る。学習において有効な情報や高い能力をも
っている他者を学習資源の一つと見ると，そ
こにアクセスして学ぼうとすることは，自己
調整をして学ぶ態度として必要で，自立した
学び手の重要な条件の一つと考えられる。

　逆に「自分でよく考えなさい」や「どうし
てこんなこともわからないの」といった心無
い言葉をかけると，子どもは委縮し，素直に
問いを発することができなくなってしまう。
安心して依存できないのだから，わからない
ことを隠し，むやみに丸暗記をしてみたり，
意味もわからないのにとにかく答えを出すこ
とができる手続きだけ学ぼうとしたりする。

　他者を頼らず自分だけで解決することに価
値をおくことは「援助要請」の行動を抑制す
るのみならず，算数の本質から離れた学び方
に追い込んでしまう可能性がある。他者から
学ぶことを阻害する要因を軽減し，他者から
の学びを促進する環境をつくってあげること
は，自立した学び手を育成にもつながる。

(2) 個々の学びのプロセスをみる

　問題解決の算数授業では，自分で考える時
間を保証するという考え方のもと，「自力解
決」の時間を十分にとる場合がある。それに
対して，筑波大学附属小学校算数部は，わか
らない状態にある子どもにいくら時間を与え
ても変わることはなく，むしろそれは子ども
を一人ぼっちにして悩ませるだけであるとい

う考え方を示した。『筑波発 問題解決の授業』自力解決の時間を長くとる必要はなく，問題に対する子どもの初発の考えや問い，困り具合を確認したら，集団で解決する時間に展開するという考え方である。そして，適宜自力で考える時間をとり，個と集団の学びを往還する柔軟な授業展開を創造したのである。

しかし，これからの学習を考えた時，学びの場は，より選択的で多層であることが求められると考えている。私が最近取り入れている方法は，学習内容にもよるが，問題解決に臨む際の学び方を，次のような選択肢から選ばせることである。

---

① 自分一人でじっくり考える

② 話したい友だちの所に行って一緒に考える（近くの友だちでなくてもよい）

③ 先生に質問し，先生からヒントをもらって考える

子どもたちの様子を見ていると，あることに気がついた。友だちと一緒に考えようとするとき，ある程度能力的に等質の集団をつくって考えるということである。自然に子どもたちはそのようなグループやペアをつくって会話をしていた。その方が対等に話をすることができる，と言っている子どももいた。対話の内容として，わからないところを共有したり，どの考え方がよいかを吟味したり，発展的な課題までつくって思考したりと様々であった。観察していると，問題解決が進まないグループは，解決済みのグループのところに行って，ヒントをもらう姿が見られた。

一人で考えている子どもも毎回数名いた。そういった子どもたちには，「友だちと考えないの？」と声をかけて様子を確認した。一人で考えようとするのは，対人関係における内気や引っ込み思案，友だち関係に何らかの問題を抱えているという消極的な理由からなのか，純粋に問題を一人で考えて独自性を出したいといった積極的な理由なのかによって対応は異なる。子どもたちの様子を捉えて，適切な励ましや価値づけをすることが教師に求められると考えている。

当初，この学ぶ形で危惧されたのは，自分で考えようとせず，すぐに答えを教えてもらってしまうのではないかということであった。さすがにすぐに答えだけ教えてもらう子どもはいなかったが，考え方を教えてもらう子どもがいないわけではなかった。友だちの考えを模倣する姿や教えてもらう姿があった。

これまでは，子どもが自分一人で解いた解答を指標として評価し，授業を展開したり，次の授業を考えたりしていた。一人でできる知的活動領域（現下の発達水準）を見ていたのであるが，他者とともにできる活動領域（明日の発達水準）に着目していこうとする考え方がある。周囲の子どもたちの考え方ややり方を見て学び，模倣することで，できないこともできるようになるという学びの考え方である。他者の助けを借りて子どもが今日なし得ることは，明日には自分の力でできるようになる可能性があるという。

この考え方は，ヴィゴツキーの発達理論（2003）が支えとなっている。ヴィゴツキー

は，最近接発達の領域に目を向けることが大切と主張している。この最近接領域とは，子どもがある課題を独力で解決できる知能の発達水準と，大人の指導や自分より能力のある仲間との協働でならば解決できる知能の発達水準とのへだたりを指している。このへだたりは，いまは大人や仲間の援助のもとでしか課題の解決はできないが，やがては独力での解決が可能となる領域を意味している。子どもの成熟しつつある知的発達の可能性の領域のことを，最近接発達の領域と言っているのである。

2 個をどのように評価するか

（1）素直な考えをリスペクトする集団にし，ミスコンセプションへの評価を変える

算数の学習を阻害する要因の一つとして挙げられるのは，「間違うことの恐れ」である。

間違うと恥ずかしいとか，間違うと頭がよくないといった価値観が教室にあると，子どもは結果ばかり気にして素直に考えることができなくなる。必要なのは，正解したことへのリスペクト以上に，素直に考えたことへのリスペクトである。そのために，間違っていると思われる考えに出合ったときの対応の仕方を教える。私の場合は，次の3つの視点で頭を働かせるように子どもたちに教えている。

① なぜ答えや考えが間違いと言えるのか，その理由を考える
② なぜその答えになったのか，その考えをしたのか，友だちの気持ちを解釈する
③ 正しい答えや方法を考える

友だちとの違いを恐れず，友だちと意見が異なった場合は，どうして違うのか，何が違うのかといったことを自分の持っている算数の概念や考え，価値観（自分軸）と照らして分析したり考えを練り直したりする。そのような知的勇気をもって自分の学びを調整することができる子どもに育てたいと考える。

具体的事例で説明する。5年生の小数の学習での一場面である。

0，1，2，3，4，5，□

を使って，「最大の小数を作る」という問題について考えた。ある子どもが悩んでいる様子だったので，何に困っているのかを尋ねると，次のような言葉が返ってきた。

「えっ，わかんない。小数って何？」

戸惑ったような返事だったが，よく聞いてみると，その子どもは小数の概念がわかっていないわけではなかった。2つの答えのどちらが正しいのかで困っていたのである。一つは，「54320.1」。もう1つは，「0.54321」であった。これを聞いて，多くの友だちは「圧倒的に54320.1が大きい」と主張したが，その子どもが困っているのは，そういうことではなかった。

「54320.1の54320は整数で，0.1は小数でしょ。だったら，0.54321の方が小数は大きいんじゃないかな」

この子どもは，小数を整数部分と小数部分に分けて見ていて，小数部分を最大にする問題という解釈をして悩んでいたのである。小数は，数や量で，単位1に満たないはしたの部分を，位取り記数法に従って表すようにし

たものである。だから，そもそも小数は1より小さい数であるが，現在では，4.8や42.195のように，整数と本来の小数との和の形になっている数も，小数としているのだ。そういう意味でもこの子どもの問いは，小数の意味について深く考えさせられる素直な問いであった。このとき，ある子どもは，

「○○さんがどうして0.54321を最大の小数と考えたかわかります！」

と言ってきた。多くの子どもたちは，すでに誤答に対する対応の仕方を心得ていた。ある子どもが解釈を次のように話した。

「○○さんは，小数第一位とか小数第二位の位のところを小数と思っていて，一の位とか十の位の数は整数でしょ。だから，小数の位のところの数を最大にしたんだと思います」

この言葉に，○○さんはうなずいて次のように話した。

「そうなんですよ。整数のところも入った数を小数って言うんですか？」

子どもの困りをみんなで共有した後は，「54320.1」は小数であることや，その子どもが考えた通り，小数は整数部分と小数部分に分けて見ることができることを教えた。そう考えると，○○さんは小数の小数部分を最大にするように小数をつくったことになる。また，ある子どもは，

「帯分数も同じように整数部分と分数部分に分けて見ることができるよね」

と気が付いたことを発表した。子どもの素直な考えに寄り添うことによって，新しい学びができた一場面だった。こういった経験を積むことで，間違いであっても異なる意見であっても，素直な考えを評価する態度を育て，素直な考えから本質を見いだす学び方をすることが大切だと考えている。

(2) 相互評価を取り入れ，その姿を評価して授業を展開する

(1)の事例で言うと，

「○○さんがどうして0.54321を最大の小数と考えたのかを隣の人に説明してみよう」

と投げかける。話し手と聞き手を明確に分けておき，話し終わった頃に聞き手に，

「話がよく分かった人は3，まあまあ分かった人は2，よくわからなかった人は1を指で表してください」

と言って評価させる。友だちの説明を評価させることで，参加意識や理解度がぐんと上がる。そして，授業者は，その相互評価の様子を評価して授業を展開する。もし指で1を表しているペアがあれば，「どうしたの？」と声をかけ，わからなさや問いを引き出す。

協働的な学びは，子ども同士の関わり合いをいかにつくり，その姿をいかに評価して，全員を本質に連れていくかが大切になってくる。

【参考文献】
・ヴィゴツキー（著），土井捷三，神谷栄司（翻訳）『「発達の最近接領域」の理論—教授・学習過程における子どもの発達』2003，三学出版

子どもの発想をどう評価し，
指導に活かすか

授業を進めるために，
どう「評価」するか

大野　桂

1 授業における「評価」の意味

　教育を目的とした「評価」とは，次に示すような，医師が診察で行う行為と同様であると考えている。

症状をきく（情報を収集する）

どうしましたか？

咳が止まらなくて

診察する（状態を解釈する）

喉をみせて下さい

すごく赤いですね
風邪ですね

処方箋をだす（症状を調整する）

薬を出しますね。5日間，薬を飲んで，しっかり体を休めれば治りますよ！

5日後…

すっかりよくなった！

　上で示した，「収集→解釈→調整」という医師の一連の行為は，患者を快方へと向かわせていくものである。これが，教師が授業中に行う，子どもを目標の達成へと向かわせる「評価」と同じということである。

　授業でいえば，ノート記述や発言，表情などの反応で子どもの情報を「収集」し，その情報を，本時の目標と照らし合わせることで，それぞれの子どもの状態を「解釈」し，そして，指導という行為によって「調整」していくという行為を指す。

2 「評価」を適切に行うために必要となる「目標」の明確化

　『本時の目標に照らし合わせることで，子どもそれぞれの状態を「解釈」し』と記述したが，このことは，適切な「評価」をするには，本時の目標，すなわち，身に付けさせたい学習内容の本質を，具体的な子どもの姿で教師が捉えておくことが重要であることを意味している。

　例えば，5年生「商分数：$a \div b = \dfrac{a}{b}$」の導入授業における目標を記してみる。

> 　「3mのリボン4等分すると，その1つ分は$\dfrac{3}{4}$mとなる」という理由を説明するために，
> ・既習である1mの4等分は$\dfrac{1}{4}$mになることを本時の場面に活用できるかを考え，
> ・3mのリボン4等分は，その「3つ分」と考えれば，「$\dfrac{1}{4}$m×3」となることを見出し，
> ・そのことから，式3÷4を，(1÷4)×3，3×(1÷4)などと表現することで，$3 \div 4 = \dfrac{3}{4}$であることを理解することができる。

　このように，$3 \div 4 = \dfrac{3}{4}$となることを，子どもが筋道立てて見出していく過程を本時の目標として具体的に示すとよい。そうすれば，

教師が目標の達成に向けて，子どものどのような反応を「収集→解釈→調整」していけばよいかが明確になる。すなわち，教師が子どもの何をどう「評価」すればよいかが明らかになるのである。

3 「評価」すべきは，子どもの「分からなさ・困っていること」

上で述べたことと矛盾があるように思われるかもしれないが，私は，目標に示したような理想的な子どもの反応を取り上げて，それを称賛することで授業を進めればよいとは考えていない。

それは最初に示した通り，「評価」とは，医師が患者を快方へと向かわせる診察と同様の行為だと考えているからである。つまり，授業で取り上げるべき子どもの反応は，「困っていること・分からなさ」なのである。

だから，教科書に示される理想的な流れで授業を展開することはできないし，してはいけない。授業では，「困っていること・分からなさ」に正面から向き合い，それを乗り越えられるように様々な「評価」を講じ，授業を目標の達成へと進めていくのである。

つまり，授業で「評価」，すなわち，「収集→解釈→調整」すべきことは，「分からなさ・困っていること」であり，授業では，それを「解決すべき課題」として設定し，進めていくのである。

4 「分からなさ・困っていること」を「評価」することで進める授業の実際

ここで，「分からなさ・困っていること」を「評価」，すなわち，「収集→解釈→調整」していく授業の具体を，先に目標を示した，5年「商分数」を例に述べる。

（1）課題提示段階での「評価」

提示した課題は，次の通りである。

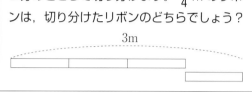

3mのリボンを4等分に折り，1つ分と3つ分のところで切り分けます。$\frac{3}{4}$ mのリボンは，切り分けたリボンのどちらでしょう？

3m

①「収集」するために選択させる

「情報」を収集すべく，間髪入れずに，どちらかが「$\frac{3}{4}$ m」なのかを選択させてみた。すると，およそ半数の子どもが，「長い方のリボン」を選ぶという事実が「収集」できた。ちなみに，これは誤答である。

②「解釈」するために理由を問う

この選択をした理由を「解釈」するために，「どうして長い方のリボンを選んだの？」と問うてみた。すると，「4等分したうちの3つ分だから，$\frac{3}{4}$ mでしょ」という反応が返ってきた。子どもたちは見た目で判断したことが分かった。このことは，「量分数と割合分数を混同して捉えている」という，子どもによくある典型的な誤答だと，私は「解釈」した。

③別意見の「収集」と「解釈」

誤答に対し，どのように「調整」をかけるかを考えていた。すると，先の答えに反論したい子どもが何人か表れたので，まずは聞いてみることとした。つまり，「調整」をするのではなく，別意見の「収集」と「解釈」を試みることにした。

表出した反応は次の通りで，淡々と正答を述べる発言であった。

> C　$\frac{3}{4}$ m は1mより短い。だから，1mより長い，長いリボンはおかしい。
>
> C　$\frac{3}{4}$ m は，1mを4等分した25cmの3つ分だから75cm。短い方のリボンを測ると75cm。だから，短い方が$\frac{3}{4}$m。
>
> C　3mの4等分だから式は3÷4。答えは75cmで$\frac{3}{4}$m。だから，3÷4＝$\frac{3}{4}$になる。

正答を聞くことは「調整」ではない。正答も1つの意見でしかない。しかも，発言からは，3÷4＝$\frac{3}{4}$となる意味は読み取れない。つまり，ただ形式的に知っているだけの可能性が高いと，私は「解釈」した。

ここで気を付けたいことは，子どもから正解を聞き出し，それを教師が「賞賛」し，全員に「勧める」という「評価」をしてはならないということである。それは，正解を知ることと，内容の本質の理解は全く別だからである。正解を聞くという行為は，「教え込まれている」と何も変わらないし，正解を知っても，「困っていること・分からなさ」は子どもに存在し，内容の本質は理解していない可能性は非常に高いのである。

だから，「困っていること・分からなさ」を表出させ，それを乗り越えさせることなくして，内容の本質は理解，すなわち，目標の達成はないのである。

(2)「分からなさ・困っていること」の表出とその「評価」

① 「分からなさ」の「収集」，「困っていること」の「解釈」，そして，その明確化

「3÷4＝$\frac{3}{4}$」との発言は表出したが，やはり，納得がいっていない顔をしている子どもが何人もいた。すると，

> C　結果は，3÷4＝$\frac{3}{4}$となることは分かった。でも，3÷4＝$\frac{3}{4}$となるイメージが湧かないから，よく分からない

と，「分からなさ」を表現する子どもが現れた。

私は，「イメージが湧かない」ということの意味が「解釈」できなかったので，「解釈」するために，「イメージが湧かないってどういうこと？」と「分からなさ」の意味を聞いた。すると，次のように述べた。

> C　1m÷2＝$\frac{1}{2}$m は図でイメージが湧くの。「1÷　」はピザでもイメージが湧くの。
>
>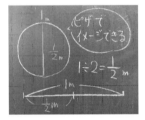
>
> C　でも，「3÷　」はイメージが湧かない。「3」のピザが描けないから，イメージが湧かなくて。だから，3÷4＝$\frac{3}{4}$がよく分からない。

このように「分からなさ」を聞くことで，今度は，「3のピザがかけない」という「困っていること」が表出した。

この「分からなさ」の「収集」により，私は，子どもたちは，「3を等分する」ことを，「1を等分する」ことと関連付けることができていない状態だと，「困っていること」の真相をはっきりと「解釈」することができた。

OPINION

ここで，私は「困っていることを」はっきりさせるべく，「先生は，３のピザを描けるよ」と，「１を表すピザ」より大きな円を黒板に描いて見せた。

子どもたちは，「大きな円」をみて，

> C　それだから困っているの。その大きな丸が３のピザだとしても，４等分した１つ分は $\frac{1}{4}$ に見えて，$\frac{3}{4}$ には見えないでしょ。

と，「分からなさ・困っていること」の意味を明確にしたのである。

② 「困っていること」を課題に据えると，子どもも自らで「調整」をかけはじめる

「困っていること」が明確になったことで，解決すべき課題を子どもがつぶやいた。

> C　４等分した時に，$\frac{3}{4}$ が目で見える３のピザは描ければいいのに…。そんなピザはかけないのかなぁ？

このつぶやきによって，全員で解決すべき課題，「$\frac{3}{4}$ が目で見える３のピザを描きたい」が設定されたのである。

そして，解決すべき課題が設定されたことにより，子どもたちは，私が「調整」するための何か別の手立てを打たなくとも，仲間との議論により，自らで「調整」をしていくこととなった。

その口火を切ったのが，次の発言である。

> C　１のピザならイメージが沸くんだから，「１」のピザを３つ描いて「３」にすればいいんじゃないかな……。

これが「調整」へと進む決定打になった。この発言と図の板書により，子どもたちは心の中の霧が晴れたかのように，一気に，$3 \div 4 = \frac{3}{4}$ の意味を明らかにしていった。

私はといえば，子どもから発せられる発言をコーディネートし，整理・整頓しながら，以下のように，板書するだけであった。

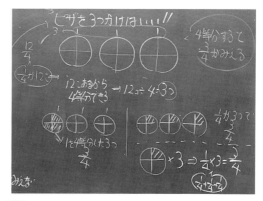

5　おわりに

まずは，子どもから「分からなさ」を「収集」する。次に，その意味を子どもたちとともに「解釈」し，「困っていること」を明確にする。そうすれば，解決すべき課題が設定されるので，あとは，子どもの議論をコーディネートするよって，本時の内容の本質の理解へと「調整」していく。

この一連の行為が，教師が行うべき授業中の「評価」であると考えている。

学び手をはぐくむ言葉かけ

群馬県桐生市立境野小学校　小川和子

評価というと，「どの程度できているか」を測り，学期末などに伝えるイメージが強い。しかし，それでは，学びの改善にはつながりにくい。

特に，本テーマである，自立した学び手をはぐくむための評価は，児童自身によりよい学び方がわかり，次の行動へとつながるようなものでなければ意味がない。児童自身がよりよい学び方に気付くような評価，それは，授業の中でタイミングよく発せられる，価値付け認める教師の言葉かけであると考える。

1 つぶやきに対して

問題場面を示すとき，「昨日の問題と同じだね」や「違うところがあるよ」とつぶやく子がいる。こんなとき，「問題をよく見ていたね」と言って児童の反応を価値付け，「みんなはどう思う？」と学級全体の話題としていく。

また，解決ができたとき，「昨日と，ここが違うね」と気付く子がいる。こんなとき，「昨日のやり方と比べたの?!」と，その思考の仕方を認める言葉かけをし，「どこが違うのかな？」と学級全体の話題としていく。

こんなふうに，目の前にある問題場面や考えに対し，素直な気持ちで関わる姿が見取れたら，「その学び方は素晴らしいよ」という気持ちが伝わるような言葉かけをしたい。

2 ノートの記述に対して

私は，児童のつぶやきを，黒板に黄色のチョークで吹き出しにして書くことにしてきた。すると，その吹き出しを真似してノートに書き残す児童や，時には，友達の発言をノートにメモする児童がいる。こんなときは，「みんな，見て」と学級全体に紹介している。

また，筆算を間違えたとき，立式を間違えたときなど，消さずに赤鉛筆で直すように指導をしてきた。しばらくして，学級のルールとなっても，「ちゃんと直してあるね」と，ささやかな努力を認める声かけを続けている。

3 聞き方に対して

さらに，聞き手となったときこそ，学び方に差が出るのではないだろうか。

- ・友達の発言をうなずきながら聞く子
- ・友達の発言が途切れたとき，「その続きがわかるよ」と手を挙げる子
- ・友達の発言に対して，質問や意見がある子
- ・「ぼくも説明できるよ」と手を挙げる子

こうした姿は，友達の発言を考えながら聞いたり，そこから考えを広げようとしたりする姿と捉えることができる。学びに向かう姿勢を価値付け，励ます言葉かけをしていきたい。

4 最後に

私自身，若い頃の実践を振り返ると，価値付ける言葉かけが，ねらいに向かうための思考面に偏っていた。もっと，児童の学ぶ姿によさを見出し，心から認めていくことが，学び手としての育ちを促すのではないかと考える。

低学年の評価

自立できる環境を整える

森本隆史

くり下がりのひき算の筆算の仕方を学んだ2年生の子どもたちと，計算の習熟を行うために，次のように声をかけたことがある。

> 「108から12をひき続けてみよう。最後にもしも0になったら超ラッキー。さあ，やってみよう」

あまりよい書き方ではないかもしれないが，右のように縦に筆算を続けていくように子どもたちに指示した。

```
    1 0 8
 -    1 2
 ────────
      9 6
 -    1 2
 ────────
      8 4
 -    1 2
```

はじめは，前から子どもたち全員の動きを見る。全員がえんぴつを動かしているだろうか。この段階でえんぴつが動いていないとすれば，計算ができないだけではなく，何をすればよいのかわからず困っているということもありうる。全体を見て，うまくスタートが切れていることを確認した。

次に，机間指導を短い時間で行う。筆算が遅い子どもは把握できているので，その子ども以外に，筆算の答えをまちがえている子どもがいないか，極端に計算をするスピードが遅い子どもがいないかを把握する。

読者の方も経験があると思うが，計算問題をしていると「先生できました！」と，時間が経過すると何人も伝えてくる。最終的に答えが0になっていれば，この筆算はうまくできているはずなので，○つけが一気にできる。もちろん，途中の計算もざっと目を通して，○をつける。このあたりまでの時間で，知識・技能の評価はある程度できる。

続いて，計算が終わった子どもたちがよく言う言葉がある。

「先生，何をすればよいですか？」

わたしが子どものときは，ミニ先生になって，困っている子どもに教えるという役が与えられていたように思うし，未だにそのようなことをしている授業を見ることもある。それでは自立した学び手は育っていかない。

「0になったから気持ちよかった。まだやりたい」と言っている子どもに，「じゃあ次は，117から13をひき続けてみよう。最後，0になると超超ラッキーだよ」と，ひかれる数と，ひく数を少し変えた問題を与える。

計算の早い子どもが2つめの0を作ることにチャレンジしている間に，苦手な子の様子を見に行く。ゆっくりだが，くり下がりがほとんどないので，まちがえずにひき算ができている。少し時間はかかったが「12-12」までたどり着き，満面の笑みを浮かべて「やった，0になった。先生，まだやりたい」と言ってきた。計算は遅いが，この子どもも主体的に学習に取り組む態度は悪くない。

そんな中「今度はひく数を14でやってみようかな？」と自分で数を決める子どもが出てきた。ここまでいけば，主体的に学習に取り組んでいると言ってよい。

まずは自分の理解度を 探る・知る

宮崎市立江平小学校　桑原麻里

1 自立した学び手とは

自立した学び手とは，興味を持つ対象も，問題解決のための手段も，何を使うかも，そしてその学びの発展のさせ方も子ども達自身が決めていく子。最終的にはそういうことができる子に育てたい。

中学年では，自分で決めることができるように，様々な選択肢を与えて，その素地を養うことが必要だと思っている。そうすれば，高学年では選択肢を自分で考え，選ぶことができるであろう。そして，様々な選択肢を適切に選べるようにするには，子ども自身が自分の状況を把握していなければならない。教師が子どもの状況を見取って，それを伝える，価値づける，それこそが中学年の子ども達に必要なことではないだろうか。これはまさに評価そのものである。

2 学習状況を客観的に把握する

個別指導というと，子どもがつまずいているであろうことをこちらが汲み取り，そこにヒントやきっかけを与えて自力解決ができるように支援するイメージだ。しかし，この場面を評価の一場面と考え，子ども達自身に自分の学習状況を把握させることができれば，次の展開を自分でどうすればよいか考えさせることができる。

3 評価の具体

子どもがつまずいている場面で，「どこが難しいと思ってるの？」と尋ねる。「指導」とあるが，これが評価のための言葉かけである。

児童A　「……」「全部」答えられない
- ・指導①　教科書やノートをめくりながら，前時までを振り返る。
- ・指導②　前時迄のその子の様子を伝える。
- ・指導③　「ここが分からないと思っている人が多いかな？　あなたは？」

児童B　「ここ」等，問題全体を答える
- ・指導①　具体的にどういうところかを尋ねる。
- ・指導②　図，式，表，グラフ，答え等で分かる（かける）ものがあるかを尋ねる。
- ・指導③　「式はかける？」，「図はかけそう？」等と一つずつ尋ねてここまではできるというラインをはっきりさせる。

児童C　「一億をこえる数を書くこと」（内容で答える）
- ・指導①　「読むことはできる？」等，できることも意識させる。
- ・指導②　全て書けないのか，空位がある場合が難しいのか等，具体的に探っていく。

児童D　「一億をこえる数を読めるけど書けない」（状況把握ができている）
- ・指導①　具体的に把握できていることを褒め，つまずきをより具体的に探っていく。

● 中学年の評価

子どもから引き出したい見方・考え方を評価し板書に残す

中田寿幸

3年生「円」の単元の後半，円を使った活用の問題に取り組んだ。

黒板に半径3cmの円をかいた。子どもにはノートの真ん中に同じようにかくように指示した。中心を示し，中心を通る直線をかき，その直線と円周の交点を中心として，左に半径3cmの円を一部分重なるようにかいた。子どもからは「直線は円の中心を通るから直径だ」「直径は6cmだね」という声が出た。「半径しか言っていないのに，直径のことも考えられるなんて素晴らしい」と言って板書する。評価して板書に残すことで，このあと，「直径」を使って子どもは考えていこうとする。

ここで「他に何か気づいたことある？」と聞いてみた。重なりの部分が「レモン」「ラグビーボール」のようだという発言があった。何を「レモン」「ラグビーボール」と言っているのか全体に確認した。子どもが黒板に円を2つ書いて説明した。

この「重なり」を意識することは本時で発展的に考えていく視点を持たせたいと考えていたために時間をとって注目させた部分である。高学年になってからも，円の面積の複合図形を求めるときに「重なり」を考えていくことにつながると考えていたので，出てきたタイミングで評価したいと考えていた。

ここで，3つ目の円を右側にかき，たずねた。「点から点は何cmでしょう」と。3つの円の左端から右端の長さを聞いたのである。

半径が6つあるので3cm×6と考える子が多かった。

直径2つ分と考える子もいた。しかしこれは少数であった。そこで黒板の円を色分けして並んでいる2つの円が目立つようにした。

3つ目の方法を考えた子がいた。この子は重なっていると嫌だから3つの円をバラで考えたという。

授業前半の「重なり」を評価したことを意識した発言であると考えられる。円が3つあるから直径6cm×3個の円で18cmになる。そのあと，「本当は重なっているので」と，重なっているラグビーボール2つ分の3＋3で6を円3つ分の直径18cmから引いて求めていった。

子どもに発展的に考えさせたいとき，その元になる視点，観点がはっきりするように言葉を拾い，評価して板書に残していく。子どもは評価されたことを意識しながら問題を見直すようになる。子どもから引き出したい見方・考え方を事前に評価し，板書に残していくことが発展的に考えていく際に必要になっていくのである。

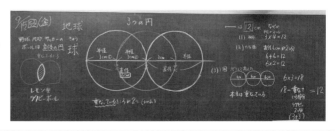

●高学年の評価

一人で問題に対峙した時の
子どもの状況を表出させる

大分県別府市立亀川小学校　重松優子

1　子どもの『振り返り』を見直す

多くの教師が子どもたちの振り返りを評価に活用している。たしかに，本時のねらいに対してどこまで理解できたかが文章で書かれていると教師は子どもの思考が見取りやすい。しかし，私は振り返りの難しさを日々感じている。立派な振り返りを書いていても，評価問題で同様の問題が解けない子どもや，先生はこういう言葉を求めているからと，忖度するような振り返りを書く子どもを見てきたことで，子どもたちが書いた振り返りは自分一人で考えるときにどこまで活かされているのだろうかと考えるようになった。その振り返りは，自分の学びのためになっているのだろうか。

2　振り返りの後

5年生「整数」の単元，公倍数を学習した後に公約数の授業を行った。自分の出席番号から約数を考えさせ，自分と同じ約数をもつ友だちを探す，という展開をした。1番の子はみんなとつながることができるので最強数ということになり，素数番号の子は約数が少ないことから友だちを見つけにくいことや24番の子は約数が多いためたくさんの人とつながれたことなどが出され，同じ約数をもつことを公約数ということまでおさえた。振り返

りには「ぼくとAくんの約数が一緒なのは1と7だったから，それを公約数という」などと書いていた。しかし，同様の問題を課すと全員が理解しているわけではないことが分かった。

3　自分の状況を表出させる

授業の中では分かったつもりになっていても，一人で考えるときには親に尋ねたり，答えを見始めたりする。一人でその問題に対峙したとき，「どこにつまずいたか？」「改めて考えたらどこが分かっていなかったのか？」を振り返り，自分はここが分かっていなかったと認識することも高学年では重要である。私が子どもにさせているのは，一人で問題に臨んだときの状況を残すことである。

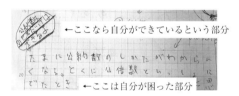

←ここなら自分ができているという部分

←ここは自分が困った部分

自分の分かったという部分→

これにより，子どもがその問題のどこに難しさを感じているかを教師は見取ることができるようになる。子どもの自己評価の精度をあげる，ということだ。これを繰り返すと，授業の受け方や家庭学習の質も変わってくる。分からない部分が自分で把握できるようになるからだ。子ども自身に返る評価の仕方を考えていかねばならないと思う。

高 学年の評価

子どもの解決を包むように評価

青山尚司

1 想定していない方向へ進んでも

　既習事項が豊かになってきている高学年では，時として想定していたねらいとは違う方向へと授業が進んでいくことがある。

　5年生の授業で，「1 m が80円のリボンを＿m 買います。代金はいくらですか」という問題を提示したときのことである。子どもたちは，具体的な数値を入れる前に「80×＿」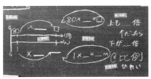という式を立て，関係を数直線図に表した。

　「＿に何が入るの？」という子に「どんな数を入れたい？」と問い返すと，「例えば＿が2だったら，80×2」，「3だったら80×3」という説明が引き出された。「どうして2とか3を入れようと思ったの？」と問うと，「簡単だから」という答えが返ってきた。予定通りである。ここで，＿に2.4という小数を入れ，乗法の意味の拡張をねらっていたのだが，そうはいかなかった。ある子が，「もっと簡単にできる」と言って，「80×10」という式を出すと，K君が「気付いたことがある」と次のように発言した。

> 1より大きいときは右に行くけど，
> 1より小さい場合は左に行きます

　さて，この発言をどう評価すべきであろう

か。まずは K くんになぜそんなことを考えたのかを聞いてみる。すると，「だって，80×0.1も簡単だから」と言う。「どういうこと？」という子に対して，K くんは数直線図をかきながら，「0.1 m は1 m より短くて，値段は80÷10で8円になるでしょ？　だから左にくる」と説明した。そして，80÷10は80×0.1とかけ算の式に表せそうであること，その積が80÷10の商と同じであることを確認したのである。

2 評価によってねらいを改める

　本時のねらいは，「乗数が（2と3の間にあるような）小数の場合もかけ算の式に表せることと，その計算の仕方を説明すること」であり，K くんのような反応は想定外であった。しかしよく考えると，計算の仕方を説明する際には，0.1 m 分の値段を用いることが不可欠であり，いずれ純小数をかける計算では，乗数と1との大小関係から積の大きさを見積もることが大切になる。単元全体の流れを考えると，むしろ肯定的に評価すべき発言であるといえる。

　評価は，その時間のねらいだけにとらわれず，単元の大きなねらいや流れを意識して，子どもの反応を包むようになされるべきである。そしてそれが，子どもの姿で授業を作っていく意識につながるのである。

大会概要と
授業報告

復活！
暑い夏に　授業を見て
熱く語り合った2日間

国立学園小学校　**江橋直治**

1 大会の概要

実に4年ぶり，完全対面での開催となった夏の全国大会。授業を見て語り合う会がかえってきた。大会テーマは『自立した学び手に育つ授業条件〜協働的な学びの価値を問い直す〜』。企画や打ち合わせを始めたのは新型コロナが5類になる以前だったこともあり，今回は日数を例年の3日間から2日間に縮小して開催する運びとなった。しかし，その内容たるや濃密で『公開授業5本（もちろん協議会も5本）』『授業ビデオを見ながらのミニ講座7本』『ワークショップ13本』『基調提案』『シンポジウム』『夏坂会長の講演』，さらにお昼の休憩中も各地域の理事・幹事がQ＆A講座を開き，皆さんの質問に答えるなど盛り沢山の内容であった。コンパクトでありながら，授業研らしい熱い2日間となった。

また，テーマに合わせた実践書籍も久しぶりに刊行された。思いのこもった熱い1冊となっている。ぜひ手に取ってお読みいただきたい。

2 授業の様子

大会1日目に，4年生「2けたでわるわり算」の授業をさせていただいた。

・主体的問題場面への関わりをつくる

・仮定する場面をつくる

・試行錯誤の場面をつくる

この3つの場面を意図的につくることで，友だちの話を聞いて課題を修正したり，考えをまとめたり，授業の終末で新たな課題を発生させたりしたいと考えていた。

お店で1個60円消しゴムをまとめて買いました。

代金を600円にしてくれました。

消しゴムを何個買ったと思いますか。

一読すると600÷60＝10個と答えて終わりそうになるが，よく読むと「代金を600円にしてくれた」と書いてある。

これは問題を「課題」にするためのしかけで，文中に書かれていない値引きを匂わせている。これにより"消しゴムは10個より多そうだ"という見通しをもつことができた。この後，「消しゴムは1個何円安くなりましたか」という文を付け足し，問題解決の時間をとった。答えを1つに絞ることができないので「もしも11個だったら……」「12個だとしたら……」と仮定して考えなければならない。時間はかかったが，一人一人の問いを大切にしてみんなで考えることを心掛けた。

授業後，協議会やアンケートで様々な意見や代案をいただいた。いずれも真剣に見たからこその意見ばかりで，とても参考になった。私が一番勉強させていただいたと感じている。

授業報告

「働きかける子どもが育つ算数授業」を目指して

京都教育大学附属桃山小学校　西村祐太

1 自立した学び手を育てる授業

　自立した学び手と聞いて、「問い」が思い浮かぶ。対象から「問い」を見いだすことで、学びを自分事として進める姿である。「問い」を見いだすには、働きかける力が必要だと考えた。この力をつけるには、対象に働きかけた経験を積むことである。本授業では、働きかけたい教材を提示し、子どもの働きかけにどう関わるべきかを提案することにした。

2 「2年：三角形と四角形」の授業

　作図したものを「三角形」と「三角形でない図形」とに弁別した理由を表現する子どもをイメージした。子どもの中に元々ある「さんかく」を引き出し、「三角形」の概念形成へと導くための図形の見方に気づく時間とする。そのためには、自分で「さんかく」ではなく「三角形」をかきたいと働きかける子どもの姿を引き出したいと考えた。

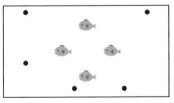

　導入場面では、左のイラストをTVに映し出す。いくつか並んだ点は、自然とつなぎたくなる。点をつなぐと、魚が網で捕まえられたように見える。その魚は、画面上を移動する。はじめは5本の線で囲んだが、魚が動くことで4本、3本ともっと少ない線

で囲めるようになる。3本で囲み始めた時から、「さんかく」が見えてくる。最短距離で線を引こうと直線をかくことで、「三角形」になっていく。しかし、うまく魚が囲めない場面に出会う。線を曲げたり、途切れさせたりしないと魚を捕まえられない。その時、子どもは「3本の直線で囲めない！」など、「三角形」ではなく「さんかく」になってしまうことについて言及する。着目した構成要素の特徴を取り上げ、「それを三角形と呼ぶ」と伝えたい。これが、子どもたちが対象に働きかけながら、自分事の学びを協働しながら進めていく姿だと想定した。

3 授業を終えて…

・直線でかかないと図形が見えない。
　（フリーハンドでかき続けた）
・「さんかく」という言葉が出なかった。
・一人の子の発言を起点とし続けた。
・定義を先に教えた方がよい
・直線につながる子どもの発言を早い段階で拾えばよかった。　など、反省点は多い。

　子どもの自立を考える時に、子どもの学びの過程がどのようなものであったかが重要である。対象に「働きかける」子どもの言葉にもっと関わり、広げたり深めたりする必要があった。子どもから発想したものをもっと大事できたはずである。もう一回挑戦したい。悔しさの残る実践となった。

授業報告

直角三角形の面積求積を扱った4年生の授業を振り返って

東京学芸大学附属小金井小学校　尾形祐樹

1 直角三角形×2と長方形÷2の思考

　直角三角形の面積を求める式，長方形÷2をきっかけに，未習のひし形，等脚台形，直角台形，たこ形，二等辺三角形など他の図形の面積を求めることにつなげたいという構想を立てて授業に臨んだ。

　導入の直角三角形の面積を求める活動から自然と長方形÷2の式と求め方が出てきた。子供の思考過程は，直角三角形×2をした後長方形÷2をしているので，倍積の考え方だ。

　その後，私が提示した問題は，「長方形÷2で求められる図形はある？」だ。習った図形をもとに，子供から出された図形は，ひし形，平行四辺形，台形，二等辺三角形，正三角形。ひし形，等脚台形，平行四辺形を取り上げた。

　黒板に出て，ひし形の図（図1）をかいた子も等脚台形の図（図2）をかいた子も共通していたのは，まず，ひし形や等脚台形の図をかき始めて，その後，長方形をかいたということである。

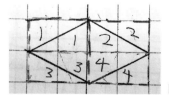

図1

　長方形に帰着して，面積を求めることができないかと考えている姿である。その際，

　÷2を意識している子と÷2を意識せず長方形にしている子がいた。あるいは，÷2を意識していたが，結果的に÷2につながらなかった考え方かもしれない。等脚台形の真ん中の長方形が「あまっちゃう」という子供の言葉から，両側に長方形が追加された。

図2

　協議会では，長方形÷2をするには，長方形をかいてから，半分にするような思考をする子がいたのではと話題になった。実際は，多くの子が，元の図形から長方形をかいていた。導入の直角三角形の面積を求める際の倍積の考え方が影響したのかもしれない。

2 僕の考えを説明して

　驚いたのは，平行四辺形の面積を求めようと内側に直角三角形を複数かいた子の言葉だ。図3を提示しながら「よくわからないから，誰かに説明してほしい」というのである。周りを信頼する，素敵な中田学級である。

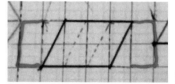

図3

　「これもあまっちゃうパターンだ」と図2の考えを使って両側に長方形が足された。

　未習の図形の中に直角三角形を意識して，面積を求めようとした子は，多く見られたが，その価値まで伝わった子は多くはなかった授業であった。改善して再び挑戦したい。

子どもの声をつなぐ授業
~協働的な学びをつなぐ校内研究~

京都府南丹市立八木西小学校　**谷内祥絵**

　研究主任として，校内研究では「第1回校内研究オリエンテーション（4月始業式までに実施）」を特に大切にしている。公立学校では，人事異動により，1年ごとに校内研究会メンバーが入れ替わる。そのため，「協働的な学びをつなぐ質の高い授業」を継続していくためには，「①教師自身の授業力の向上，②子どもたちの対話力・思考力を高め鍛えること，③授業の中で大切にしたい具体的な視点」等，先生方と新学期の授業開きまでに，授業の中で大切にしたい視点を共有することが必要不可欠であると考えている。そこで，第1回校内研究会では，大人でも誤答が出やすい問題を使用し，先生方には，教師の一方的な当たり前を問い直していただくために，子ども目線で授業のあり方（毎時間のタイマー制限，教師からの一方的なめあての提示，子どもの主体的な姿を止める教師の指示）について考えていただく。学級開きまでに，「何のため？」を問い直し，子どもたちの思考力や意欲の向上に向けて大切なことを共有することで，先生方のモチベーションの向上や質の高い校内研究へと繋がっている。

　全国算数授業研究会のワークショップでは，「第1回校内研オリエンテーション」の内容からスタートし，「子どもの声をつなぐ授業」と「協働的な学びをつなぐ校内研究」の2つの視点について提案した。終了後，研究主任をされている全国の先生方から沢山の声をかけていただいた。熱い気持ちをもった全国の先生方と，授業を変える，学校を変える，子どもたちを笑顔にする算数授業について対面で語り合うことができた一時であった。

全国算数授業研究会大会 ミニ講座
~動く子どもの姿で語り合う~

東京都荒川区立第九峡田小学校　**石川大輔**

　今回の新企画「ミニ講座」では，7人の提案者が，実際に行った授業ビデオを基に，算数の新たな授業づくりについて提案した。

　提案された内容は次の通りである。
・「3倍の3倍は6倍」を修正し，倍概念を創る授業
・個々の「振り返り」の共有から学級としての「新たな問い」へ
・体験や感覚を，子ども自身で算数のテーブルにのせていく授業
・子どもが自分事として考えるデータを活用した授業の条件
・自身の経験や事象に依りながら参加できる授業
・カードを作る・使う活動を通して，子ども自身が学びを深める授業
・子どもたちが自らの言葉で繋いでいく授業
　どれも時代の先をいく魅力的な内容であった。

できれば，どれも録画して見たかった。

　さて，提案者の立場から振り返ると，この企画のよさは「動く子どもの姿」を基に新たな授業づくりを語り合えるということである。

　動画は嘘をつかない。だからこそ，提案者には覚悟がいる。この講座のために自分で授業動画を視聴してみると，教師の働きかけで子どもが問いをもって動き始める場面もあれば，どこへ向かうのか…という場面もあった。こういった部分も含めて，当日は参加してくださった方々とデータの活用に関する新たな授業づくりについて語り合い，教師の役割の新たな視点を得ることができた。

　講座後，数人の先生がいろいろと質問に来てくれた。この時間も学びがあり，とても楽しかった。

　11月，授業動画を撮影する予定。今度はこの動画に映る動く子供の姿を基に，また皆さんと算数を語り合いたいと思う今日この頃である。

　動画って本当にいいものですね。

座談会

言語心理学からみた 算数授業の課題

ゲスト：今井むつみ（慶應義塾大学環境情報学部）

ホスト：筑波大学附属小学校算数部
［司会／文責：夏坂哲志］

2023.09.20 筑波大附属小 ICT ルームにて

── 人の記憶は脆弱である

夏坂　『算数文章題が解けない子どもたち』を読ませていただきました。

今井　福山市の教育委員会の指導主事の先生方に，教科書にある基本的な問題をもとにして文章題をつくっていただきました。

　3年生までの教科書をもとにつくったのですが，5年生でも解けない子がたくさんいるということがわかったんですね。非常に深刻だと思います。

　言葉に関する調査をすると，成績はほぼ正規分布になります。全くできないという子は少ない。けれども，数に対する調査はバイモーダルといって，ふたコブの分布になります。

青山　6年生を担任していますが，同様のことを感じます。塾で先に経験している子と，理解に時間がかかる子の差を埋めるためにどうすればよいか，苦労しています。

盛山　今井先生の考えていらっしゃる文章題の定義はどういうものですか？

今井　私は算数教育については素人なので，算数教育の学術的な文脈でどう考えられているかは全く知りません。この調査では，文章題を，現場の教育委員会の指導主事に相談して，教科書の基本問題を作成しました。

中田　授業で一度は解いているはずの問題というわけですね。

今井　そうです。でも，解けない子が結構な割合でいるのです。教室で指導している先生方は，内容をかみくだいて，わかりやすく一生懸命教えています。その結果，授業直後の単元テストでもまあまあできているから，きっと理解していると思われるでしょう。

　理解した内容は，何ヶ月か経った後も保持されていると思われていると思うんですけど，それはあり得ないのです。

　私の専門は，「どうやって算数の問題を解くか」ではなく，「人はどうやって記憶するか」とか「どういうふうに情報を処理して，それを記憶して，保持するか」，「どうやって記憶を取り出して問題解決をするか」ということです。その研究から言えることは，「人の記憶は脆弱だ」ということなんですね。

　例えば，中1で学習した「関数」を中3になると覚えていない。それは，その生徒がちゃんと勉強していないのではなく，それが普通の人間なんですよ。

　記憶を保持するためには，関連づけたり思い出させたりするしかありません。徹底的に覚えたとしても，その先，2ヶ月ぐらい全くそのことをしなければ，その内容を覚えていることは少ないです。

── 関連付け，繰り返して，身体で覚える

今井 あることを理解するためには，その前提となる知識とか認知の能力というのがあるわけですよね。それが不十分なのに，否応なしにその単元をやらざるを得ないところに問題があると思っています。

特に，子どもが数というものに対してすごく誤解をしているように感じます。乳幼児期からの生活の中で，自分で勝手に思いこんで作った暗黙知（スキーマ）というものが至る所に顔を出して邪魔をしているのです。

数の，言葉としての抽象性というのは，他の言葉と比べものにならないぐらい抽象的なものです。

意味が腑落ちしていないのに，その操作の仕方とか計算の仕方だけがくるくると空回りしていて，数というものが身体や経験と全然結びついていない。そういう感じがします。

言葉を覚える前の赤ちゃんでも，物の数の操作みたいなものは，心の中ですることができます。

例えば，ここにリンゴが1個あるとします。そこに1個追加されました。そうすると，2個並んでいるところを見てなくても，ここには2個あるに違いないとか，2個あるところから1個取り去られたら残りが1個あるに違いないと考えることはできます。

ここでしていることは数の操作と言うよりは物の存在の操作。数は連続的なものだけど，物は非連続。そこにギャップがあるのです。

また，1は「1個の物がある」だけではなく，「基準値の1」をも表します。その1は，ジュース4Lでも，子どもの数40人でもいいわけで，そこが結びつかない。1というのが，「1個の物」という強いスキーマを作っているので，それを崩さないと，「基準値の1」が理解できないし，それが理解できないと分数も割合も比もできないわけですよね。

そこでつまずいてしまっている子は非常に多いと思います。

盛山 子どもの誤概念とか素朴概念，思い込みが確かにありますね。

授業では，子どもにその誤概念を一旦表出させて，そこを打破して乗り越えさせることを意識しています。

今井 誤概念からの脱却はすごく難しいことです。だから，一度できたと思っても，何度も繰り返した方がよいでしょう。

でも，同じことを何度も繰り返すのではなくて，少し見方を変えるとか，文脈を変えるとか，そういうバリエーションをたくさん用

意して繰り返すということがすごく大事です。

　ドリルみたいに何度も同じことを繰り返すだけではモチベーションが下がってしまいます。続けるとしても少しずつ違うバリエーションで，でも根幹は同じという，そういう問題を用意して解いていくと，子どもも達成感が得られるし，身体で覚えることができます。

── 自分で整理し，理解に至る

今井　かけ算からわり算というように，系列に沿って易しい方から順に学習した場合と，かけ算とわり算を同時に学習する場合とで，子どもの学びの深まりや定着度を比較する研究があります。

　系列に沿って学習する方が効率的で，単元の学習は速く進みます。テストもできます。でも，時間が経ってからの定着度を見ると，同時にやった方がよいという結果になりました。

　同時にやると，そのときは混乱します。混乱するということは，情報処理が深くなるということなんです。すぐわかっちゃうと，情報処理が浅くなるんですね。そうすると，その時はわかったつもりになるのですが，後に残らない。つまり，定着しないという問題が起こるのです。

　もちろん，混乱を混乱のまま終わらせたら意味がありません。多少混乱しても，その混乱を子どもが自分たちで整理し，理解に至ることが大切です。その辺が先生方の力量に左右されるのかもしれません。

盛山　文章題の場合，立式ができない理由と

して，2つのパターンが考えられます。

　1つは条件やイメージが湧かなかったり，何を尋ねられているのかがわからなかったりするためです。もう1つは，演算の意味が理解できていないために，尋ねられていることはわかるのに立式ができないという子もいます。文章題では，このような理由で，混乱してしまうのだと思います。

今井　子どもは自分なりの方法を勝手に作り出してしまうことがあるんですね。

　例えば，こんな問題があります。

> 　250ｇ入りのお菓子が，30％増量して売られるそうです。
>
> 　お菓子の量は，何ｇになりますか。

　この問題に対して，250×0.3＝750と答えた子がいました。答えが75だと減ってしまうから0をつけてみたというのです。

　正しくは0.3をかけるのではなく，1.3をかけなければならない。でも，1というのが問題文の中にはありません。文の中に書かれていない数字を自分で入れるとか，行間を読んで足りない部分を埋めるということができないんですね。

大野　授業でこの問題を扱うときに，同じように間違う子がいます。その答えについて，みんなで考えてみると，「それで合っているよね」「いや，それっておかしくなあい？だってさあ……」「130％じゃなければならないよね」という対話が始まり，「あ，そうか僕はこの部分しか見ていなかったんだな」という修正がなされていくわけじゃないですか。

そういうことがされずに，「赤い線を引きましょう」とか「わかっていることは何ですか」のように，正解に導くための指導がなされて間違わないようにしていくから，またその問題にぶつかったときに結局同じ間違いをしてしまうんじゃないかと思うんですよね。

── 言葉の意味を理解するとは

盛山 こういった，子どもなりの思い込み・思い違いは，「記号接地」ということと関連するのでしょうか。

今井 子どもが普通の言葉を学習するときには，大人から定義を教わるわけではありません。物を見て，そこで言葉を言われたら，そこで，ああこういう物なんだなと，自分で意味を考えていきますよね。

自分で考えた意味って，よくも悪くも「接地」していると思うんですよね。そのためには，たくさんの事例があって，その事例に紐付いた中で，事例から抽象化をしていって，それが言葉の意味の理解になっていきます。

名詞以上に動詞は抽象的です。

例えば，「お片付けしなさい」と言うじゃないですか。「お片付け」ってすごく抽象的な言葉だと思うんですよね。「お片付け」ってどんな方法でやってもよくて，片付いていないと思う状態から，片付いていると思う状態になるのは全て「お片付け」になる。

食事の後の「お片付け」と遊んだ後の「お片付け」，本を読んだ後の「お片付け」は全部違う。けれども，たくさんの事例から，間違いもしながらだんだんと「片付ける」とい

うことがどういうことか，がわかってくる。いろんな片付けがあって，いろんなやり方がある。大人が教えないけど，子どもは自分でその意味を獲得していくわけです。

でも，算数は初めから大人が教えちゃうじゃないですか。わかりやすい材料で，具体例を出して教えますよね。そうすると子どもはその事例だけのことだと誤解するわけです。子どもはどんなに大人がわかりやすく教えても，常に誤解をするんだということを先生が理解しておくことが必要だと思います。

「たつじんテスト」を作ったのは，子どもがどう誤解しているのか，というのが，子どもの回答を見ると，先生に何となくわかるというテストを作りたいと思ったからなのです。

── 抽象と具体の行き来，数の感覚

田中 今井先生は，誤答のタイプの分析の中で，立式の失敗の前にメンタルイメージの失敗が下位層に多いと指摘されています。このメンタルイメージというのは，図的なイメージを指しているのでしょうか。

図を使う場合に，子どもがつくるイメージを大事にするのがよいのか，それとも，教科書にある線分図のような図を教えてあげた方がよいのか，そのあたりが知りたいと思っています。

今井 言語的にイメージしやすい子，ビジュアルにイメージしやすい子というように，個人差があると思うんですが，算数の文章題ですと，言語的にと言うよりは，問題文から，誰が誰に対して何をしているかとか，この操

作によってどう変わったとか，そういうシチュエーションをイメージできるとよいのではないかと思います。

算数に限らず，抽象的な問題を扱うときに，その抽象的な問題の具体例を自分で思いつけるか，という点はすごく大事だと思うんですよね。

そのためには，具体から自分で抽象化するというそのプロセスを経験していないと，その逆はできないのです。

先ほどの「お片付け」の例でも，いろんなお片付けの仕方があって，その時にもいろんな事例から「片付ける」ってこういうことだと抽象化する。それを常にしていると，抽象的なものを見たときに，具体を自分で思い浮かべられるようになる。その具体的な意味やシチュエーションを自分で考えるようになる。それは大事なことだと思います。

わり算の学習でも，わかりやすい「大きい数を小さい数でわる」という問題ばかりを先にやってしまうと，「わり算は大きい数を小さい数でわるものだ」というように過剰一般化をしてしまいます。

「〜はこういうものだ」という暗黙の概念のかたまり（スキーマ）ができてしまい，そのスキーマに合わない例外を受け入れなくなってしまうのです。

人間は，自分の周りに情報がありすぎるので，常にスキーマによって選択しているのですよね。それによって，入ってくる情報を処理できる程度に抑える。それがないと，情報処理能力がパンクしてしまうから大事なこと

なのです。

あるスキーマによって，情報を整理して，スキーマに合うものは入れるけど，合わないものは入ってこないようにする。それを，無意識のうちにやっている。

だから，わり算の場合も，大きい数÷小さい数と一般化してしまう子がいるのです。

大野　では，その一般化を外してしまえばいいんですね。例えば，「4Lのジュースを2人で分けます。次に2Lを4人で分けます」これぐらいは，3年生で経験させた方がよいということですね。

盛山　大きい数÷小さい数というスキーマがあったとしても，そこで出た結果を検証するというスキーマを持っていれば，「果たしてその答えは合っているのだろうか」と見直すと思います。そういうスキーマも持たせたいものです。

今井　持たせたいけど，なかなか持ってくれない。基本的に，人間はある意味怠け者で省エネモードというか，しなくてよいことはしないっていう生き物ですから。

この前，すごくショックな経験をしました。宅急便を出すのに料金が1,530円と言われたので，一万円札と30円を出したら，お店の人がスマホを取り出して計算を始めたんです。そして，10,000円を超えるおつりを平気で私によこしたんですね。入力ミスをしたようなのですが，これを見たときに危機感を覚えました。

人間って，楽なことに慣れてしまうと，頭が使えなくなるという例だと思います。

大野 今も昔も，どんな計算も筆算でやればよいという風潮があって，自分で計算のきまりを使って工夫してやってみようとか，そういう部分は欠けていると思います。

夏坂 筆算の形式に当てはめるのも，電卓で入力するのも，結局は考えていないということなんでしょうね。

そういう意味では，先ほどの「30％増量」の問題で，「答えは250gより多いはずだ」「結果がおかしい」と思えた子は，何も感じない子よりも優れていると言えます。

森本 具体から一旦抽象に行って，また具体に戻っているんですね。

青山 「増量」とは，基準があってそこから増えているというイメージが持ててないから，1をたさないのかもしれません。

中田 「増量」という言葉自体がわからないという子もいます。

大野 この問題も，「100gのお菓子が10％増量で売られています」だったらわかるかもしれません。問題を少し変えて試してみると，何がわかっていないのかがだんだんとわかってくると思います。

森本 段階がいろいろあるような気がします。10％増えている絵がイメージできるかどうか。30％増量の「増量」の意味がわからないのか。30％がどのぐらいなのかがわからないのか。50％だったらわかるのか。

数値によって，ビジュアルなイメージが持ちやすい値とそうでない値があるようです。

今井 数直線上に0と100の目盛りを打ち，そこに23の目盛りをつけさせてみると，全体のスケールの中で23がどのぐらいかということを把握できているかどうかがわかる。こういうものをさっとかける感覚をもっていて欲しいと思いますね。

そして，例えば20というのは単に「物が20個あります」だけではなく，20は100のスケールでは$\frac{1}{5}$だし，10のスケールだと2つ分というように，数を相対的に見られるようにもしたい。そういう経験がまったく足りないような気がするんです。

小学校の算数では，計算や位取りのことを教える前に，そういう数の感覚を身につけさせることが大事ではないかと思います。

大野 いろいろな経験をさせたいのだけれど，学習指導要領の縛りがあって，教科書もそれに基づいてつくられているという現状があります。それを少し打破して，さまざまな経験をさせることも意識していきたいものです。

今井 私たちが「概数」と呼んでいる，数に対する量感をもち，「だいたいこのぐらいの答えになるはず」と考えられる子は，数学全般の学力も高い。数学だけでなく，他教科とも相関が高い。

AIの時代に向かう今だからこそ，自分で頭を使い，数を操作するということが大事だと思います。それをやめてしまって，全部スマホなどに頼ってしまって，それが正しい答えだと思っては困ります。

これからの時代，先生の役割はますます大事になってくると思います。

夏坂 私たちも頑張りたいと思います。ありがとうございました。

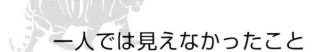

一人では見えなかったこと

森本隆史

　6月の初旬。算数部のLINEに，夏坂先生から次のようなメッセージが入った。
「8月後半にインドネシアに行ける方はお知らせください」
　びっくりするくらい，そこだけ，うまく，きれいに，予定が入っていなかった。迷いながらも「調整すれば22〜28日まで大丈夫かもしれません」と，少し曖昧な表現で返信をした。ひょっとして，だれかちがう人が行くのかも……。
　次の日，夏坂先生から「インドネシアに行くのは，大野先生と森本先生とわたしです」と，LINEにあがった。気持ちがいいくらいすぐに決まった。
　だが，これがよかった。インドネシアでの経験はとてもよい学びとなった。
　ジャカルタ→バンドン→ジャカルタ→ジョグジャカルタ→ジャカルタと，移動がたくさんある中，インドネシアの1年生と3回も同じ材で授業をさせていただいた。
　下に示すように，2種類の三角形を何枚も準備して袋の中に入れておく。この袋の中から子どもたちが三角形を引いていき，平行線

の間にしきつめていくという流れである。
　子どもたちには「線と線の間に三角形をしきつめて，模様を作ろう」と投げかける。このように言うことで，子どもたちは，三角形をずらしたり，回したり，ひっくり返したりして，平行線の間に三角形をしきつめようとする。袋の中には，2種類の三角形が入っているので，はじめに袋の中から引いた三角形が(A)の場合，(A)と合同な三角形はしきつめられていくが，合同ではないもう一方の三角形(B)は平行線の間にしきつめることができない。(B)をしきつめるためには，(B)だけをし

きつめていけばよいということを，筑波の1年生と学んでいった。わたしは，インドネシアの子どもたちとも同じような見せ方と問い方をすれば，楽しく算数を学ぶことができると思っていた。
　だが，1回目の授業はうまくいかなかった。現地での授業は通訳の人を介して行うので言葉はなるべく短く，わかりやすくする必要がある。それはわかっていた。ただ，それだけでは不十分だということが，わたしの後に授業をした大野先生の授業を見てわかった。大

野先生は子どもたちに「わたしはインドネシア語がわかりません。だからあなたたちの言葉は、通訳の人がわたしに教えてくれます」と、丁寧に伝えてから授業を始めた。

わたしも、ゆっくりと話していたのだが、子どもたちとうまくコミュニケーションがとれず、だんだんと距離が広がっていった。教師が教え込むという文化があるからだと思うが、インドネシアの子どもたちは、受け身の子どもが多かった。1日目の子どもたちは「せっかく言ったのに聞いてくれない」などと感じたのかもしれない。

大野先生の授業を見ながら、そのようなことを考えると同時に、日頃の授業のことを思い出した。わたしは、子どもたちの言葉にずいぶんと助けてもらっていることがわかった。

わたしが見せたものや言った言葉に、子どもたちが反応しない、子どもがつぶやいても何を言っているのかわからないという状況をインドネシアで経験した。この経験から、子どもたちに何をどのように見せればよいのか、どんな発問をすればよいのか、さらに、精選しなければならないことがわかった。

2日目は、まず、子どもたちに見せる三角形の形を変えた。1日目の三角形は左ページにあるように、ぱっと見、似ている三角形を扱った。これもうまくいかなかった理由の一つである。（A）と（B）の三角形が混ざって平行線からはみだしていたのだが、ある子どもは「はみだしていない」と言ったのだ。すぐに形がちがうとわかり、明らかにはみだしているという場面にしないといけないと思った。

また、1日目は袋の中から三角形を取るので、どんな三角形が入っているのか、子どもたちが見ることができない。見通しをもつことができていなかった。それを楽しめるときもあるが、インドネシアではそうはいかなかった。なので、三角形ははじめから子どもたちに見えるようにホワイトボードに貼っておいた。

上の写真のように、2日目は1本の直線の上にきれいに並べていくというように、問題を変えた。扱う三角形も正三角形と直角二等辺三角形に変えた。1日目の反省を生かし、2日目の授業はなかなか順調に流れた。3日目の授業は、2日目のものよりもレベルを上げてみようと思い、またもや失敗。

3日目、夏坂先生は、ずっと笑顔で子どもたちの反応を楽しみながら、授業をしていた。子どもたちから、予想していた見方はなかなか出てこなかったのだが、焦ることなく、まっすぐに子どもたちを受け止めて授業をしていた。その姿からも学ぶことが多かった。

日本でも多くのことを学ぶことができる。だが、3人で過ごしたインドネシアでの6日間は感謝でいっぱいの旅となった。

『算数授業研究』GG ゼミ オンライン 実施報告

第21回『算数授業研究』GG ゼミ：2020/08/27（Sun.）

講　師：中田寿幸，田中英海（本稿文責）

テーマ：2学期の重要単元をもっと面白くする教材と指導技術

　夏休み終わりの GG ゼミは，「2学期の重要単元をもっと面白くする教材と指導技術」をテーマにしました。今回もたくさんの参会をいただきました。ありがとうございました。

第1部　3年「円と三角形」教材提示＆指導技術　授業ビデオ分析

　田中英海が授業ビデオを公開しました。教科書で扱われる円を利用して三角形をかく問題をアレンジしました。

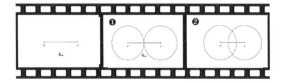

子どもにとって面白い＆算数が深まる

教材づくりの視点	指導技術の視点
①問題解決に必要な見方や考え方を	自分で発見する（追体験）
大事なポイントを隠しておく C：え？ おや？ C：このままじゃ分からない C：でも，これが分かれば…できるかも	**考える間，余白をつくる** C1：Aだから…，（Bだと思います） C：＜ちょっと止める＞止まる＞ C2：Aということは…，Bってこと？
②つながり，関連を想起させ＆発展させ	言語化する（話，書，選ぶ，決める）
既習や経験と本時のつながり （導入で復習するのではなく） C：あの時やった C：だったら，こうなりそう！	**受け止める・敢えて受け止めない** ・受容的に雰囲気で発言しやすくする ・教師がとばした，分からない 　（反論，突っ込みをさせる） ・難しさ，困ったによりそう

　問題解決に必要な見方・考え方やねらいを教材から隠すことで，子どもたち自身に発見させようと提案しました。どんな三角形になるかを説明にする際に，「半径」に自ら着目したくなるような教材として，下のように二つの円が重なっていく際にできるアニメーションを提示しました。2つの円の交点と中心を結んだ三角形について考える授業を提案しました。

第2部　「1～6年生の2学期重要単元」ポイント解説

　中田寿幸と田中から，教材と主に問題提示について解説をしました。1年「くり上がりのあるたし算」，2年「かけ算」，4年「面積」，5年「図形の角」，6年「拡大図・縮図」を扱いました。参会者からいただいた質問にも答えました。

　2学期の算数授業に活かしていただけると幸いです。次回の GG ゼミは，1月盛山と大野が担当です。

＜参会者の感想＞

　どの学年にも子どもたちを引きつけるしかけがあり大変参考になりました。

　さらに，それらのしかけが子どもたちがただ興味を示しやすい，イメージをもちやすいなどではなく，算数の見方・考え方を子どもたちから引き出すことに繋がっており，アイデアだけでなく教材研究の視点として非常に大切なことを再確認させていただきました。

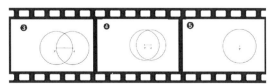

『算数授業研究』公開講座 オンライン 実施報告

『算数授業研究』定期購読者限定　公開講座：2023/09/09（Sat.）

テーマ：算数を楽しみ、活用する子どもを育てる

　『算数授業研究』誌は年間6冊刊行しています。定期購読いただくと本誌が10%引きで，送料無料の5,292円（税込）と大変お得です。これに加えて，定期購読者限定の無料公開講座（オンライン）にも参加することができます。オンラインのGGゼミの参加費が2,500円と考えると，都度購入と比べてさらにお得です。

　今年で2回目の定期購読者限定公開講座。今回は翌週の3連休に限り，アーカイブ配信を行い，当日都合のつかなかった方も，後日ご覧になっていただくことができました。

　第1部は，5年「単位量あたりの大きさ（速さ）」のビデオ授業を田中英海が公開しました。

　駅員さんの改札の切符切りの映像をもとに，切符切りの速さを数で表せるかを考えました。子どもは，改札を通る人のスピードが一定ではないことに着目して，平均の考えや比例を仮定して，時間と人数の二量の商の意味を考えていきました。平均や単位量当たりの大きさで学習した「ならす」という見方を活かして事象を捉える姿が見られました。

　第2部は，参加型「Q&A講座」（Zoomブレイクアウトセッション）で4講座から選んでいただきました。

> 「対称な図形を楽しむ子どもを育てる」（中田寿幸）
> 「計算のきまりを活用する子どもを育てる」（大野桂）
> 「合同を楽しむ子どもを育てる」（森本隆史）
> 「比例を活用する子どもを育てる」（田中英海）

　参会者の方からの質疑なども踏まえた双方型講座となりました。また，アーカイブ配信で当日参加できなかった講座を後日ご覧になっていただきました。

＜参会者の感想＞

　夏坂先生と盛山先生のお話から，ならすという本来の意味を確実に活用させていきたいと改めて感じました。日常生活場面を数学の世界の土台にのせて考えさせたい時，私たちは，算数の本質からズレてはいけないことを改めて大切にしたいと思いました。切符切りの仕事量はとても面白いです。私の自宅の最寄りの駅は，自動改札機がなく，未だに人です。身近に面白いネタがあることに気付かされ，嬉しいです。ありがとうございます。

> ＜仲間を6人集めて支部をつくりませんか？＞
> 　定期購読者を6人集めて支部を作ると，筑波大学附属小学校算数部員が年1回，先生方の勉強会（オンライン）に参加します！　もちろん無料です！
> 支部設立はこちらから→

初等教育学〈算数科〉授業づくり講座　第13回

one!

作図　作図道具の使い方の指導
―定規を使って直線を引く―

中田　寿幸

作図の道具がうまく使えずに図がかけない子どもがいる。不器用とか，練習不足で終わるのではなく，ポイントを示した指導が必要になってくる。

どこが子どもにとって難しく，どのようにしたらかけるようになっていくかは子どもの困り具合を理解することで見えてくる。今回は定規，三角定規で直線を引くときの指導を考えていく。

２年の「長さ」の単元の中で，直線を学び，定規を使って直線を引く。これが２年生には難しい。難しい原因は次の４つである。

①押さえた定規がずれて線が曲がってしまう

教科書には定規を「しっかり」押さえて直線を引くとある。しかし，この「しっかり」が難しい。押さえる手は利き手と逆の手である。そして，利き手で鉛筆を持って線を引くことと同時に利き手と逆の手で定規を押さえなければならない。２つのことを同時に行うのが２年生にとっては難しい。

「しっかり」定規を押さえていても線が長くなると後半に定規がずれてしまう子がいる。これは定規だけを押さえているために紙の上を定規が滑ってしまうためである。定規がずれないようにするためには，指の腹で定規とノートの紙を一緒に押さえることを教えると

よい。押さえる場所は最低でも２か所は必要になる。そして，押さえる場所は定規の中央である。端の方しか押さえていなくて，定規がずれてしまう子もいる。

三角定規に丸い穴が空いているのは直線を引くときに，紙と三角定規を一緒に押さえるためのものである。直定規は引く直線と平行に２か所定規を押さえられるが，三角定規は中央の穴のところを押さえることで，直線と平行に押さえることができるようになるのである。

なお，三角定規の穴は空気の抜け穴でもあり，三角定規が机などについて取りにくくならないようにする役目もある。ところが，分度器には穴をあけられない。全面に目盛りが必要だからである。分度器が机の引き出しの底について取りにくくなる経験をしたことがある人は多いだろう。

②狙った始点から線をかき始められない

点と点の間に直線を引こうとしてもずれてしまう。「点と定規の間を少し空けておきましょう」と指導することがある。しかし，その「少し」の加減がわからない子どもがいる。この場合，点に鉛筆を置いて，鉛筆に定規を当てるようにする。２つの点の間を引くときには，２つの点のそれぞれに鉛筆の先を置き，

そこに定規を当てる。2つ目の点に合わせるときに1つ目の点の位置がずれるときがある。そんなときには鉛筆の先を1つ目の点に合わせ直すことを繰り返す。

③定規に合わせたのに，引いている途中で鉛筆と定規が離れて線が曲がってしまう

　定規に沿わせて鉛筆を引いていくのは難しい。定規側に向ける力と線を引く先に向ける力のバランスは繰り返しの練習で覚えていく。このバランスが難しいことを子どもに意識させ，待ちの姿勢で繰り返し練習させていくことが大切である。

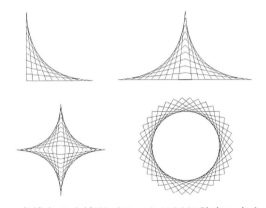

　直線をひく練習プリントは同じ数字の点を結んで，上のような形ができるものや，点つなぎで絵が出てくるものなどで楽しみながら練習させたい。

　また，「長さ」の単元だけで直線が引けるようになるものではない。筆算の問題をかくときにも定規で直線を引く練習の場と考えたい。なお，筆算の直線を引くのには，15cmの定規では長く扱いにくい。苦手な子どもには，10cmの短い定規を使わせるのもよい。

④定規の向きが逆になっている

　定規の裏表が逆になっていると，定規の傾斜がついているところが浮いてしまって直線がずれることがある。

　裏表ではなく，定規を置く場所が鉛筆を持つ手と逆になっているのに，そのまま直線をかく子がいる。線を引いている途中で手が交差してしまい，押さえ直さなくてはならなくなってしまう。横に直線を引くときには定規を下に置いて引く。縦に直線を引くときには定規を左側に置いて引く。定規を左側に置くのは右利きの子であり，左利きの子は定規を右側に置かないと，手が交差することになる。

　左利きの子はクラスに1割程度いると言われている。少数ではあるが，左利きの子どもたちへの配慮も必要である。左利き用の定規は，目盛りの数字が逆から書いてある。直線を右から左に引いた方がかきやすい左利きの子のための配慮である。左利きの子は左利きの道具がないと作図できないというのではよくない。右利き用の道具を左手で使いこなす，あるいは，器用にできない右手で使うことがあってもよい。右利き社会を生き抜く方法を左利きの子には学ばせたいとも思う。教師はそれを理解した上でアドバイスしたり，見守ったりしていけるようにしたい。

　定規で直線を引くだけでも，これだけの注意させたい事項がある。2年生の子どもが直線を引くということがとても難しいことであることをまずは教師が知ること。そして，子どもがうまくできないときに，コツを教えていく。子どもがつまずく前に教えるのではなく，子どもがうまくいかないことを感じているときに教えていくとよい。

| 計算 | 発見がある計算学習 |

青山　尚司

1 数値を変えられる計算練習

　計算の学習では，ただ多くの問題を示すのではなく，数値を変化させることができるように幅をもたせると，子どもは自分から筆算を作り，意欲的に計算に取り組む。例えば，3年生の2桁×2桁のかけ算の習熟場面で，右のような筆算の□に，1，2，3，4の4枚のカードを1回ずつ入れて計算することを促す。子どもたちはノートにどんどん筆算を作りながら，様々な発見をつぶやいていく。例えば，「こうすると答えが大きくなる」と気付く子が出てきたら，「みんなも一番大きい答えを見つけられるかな？」と問い，最大の場合を確認してみるとよい。

2 計算したことで生まれる問い

　答えが最大になると思う筆算を全員が見いだしたことを確認したら，その筆算を黒板にかくように促す。

　先日実践した際には，最初にある子が「42×31」という筆算をかいた。「そうそう」という子もいるが，「違うよ，もっと大きいのがあるよ」という子たちもいる。その子たちにも板書を求めると，「41×32」という筆算をかいた。「え？　それって同じじゃないの？」という反応があり，実際に2つの筆算を計算してもらった。前者の答えは1302，後者の答えは1312である。「え？なんで？」「おかしい」という子達に，おかしい訳を問うと，「一の位の数を入れ替えただけだから，答えが同じはず」という。「10しか違わないから計算ミスじゃないの？」という子もいる。しかし，何度計算しても，答えの差は10で間違いない。ここで，42×31をA，41×32をBとして，なぜBの方が10大きくなるのかを考える時間をとった。

3 10や1000の差はどこから？

　ある子どもが，筆算の答えの上にある，足される前の部分積に着目した。Aの部分積が，42×1＝42と，42×30＝1260で，Bの部分積が，41×2＝82と41×30＝1230であることから，乗数の一の位をかけた部分積は，Bの方が40大きく，乗数の十の位をかけた部分積は，Aの方が30大きいことが見えてきた。このことから，2桁の数をかけた場合の積は，一の位をかけた部分積と十の位をかけた部分積の和であるため，Bの方が10大きくなることに納得したのである。

　また，筆算の手順通りに式を下のように分

解した子もいた。

A　$42×31 = 1×2 + \underline{1×40} + \underline{\underline{30×2}} + 30×40$

B　$41×32 = 2×1 + \underline{2×40} + \underline{\underline{30×1}} + 30×40$

　そして，「Aは30が1つ多くて，Bは40が1つ多いから，全部足したらBの方が10多くなる」と説明した。この反応から考えると，面積が既習となる4年生以降で，図を用いた説明を視野に入れた方が適しているかもしれない。しかし，筆算の手順を理解し，部分積を丁寧に見つめ直すには良い機会となった。

　もしも子どもたちが，答えが最小の場合に着目しても，$14×23 = 322$をC，$13×24 = 312$をDとして，2つの筆算を比較するとよい。これもやはり10の差が生じているのである。同じように，部分積に着目すると，一の位はCが$14×3 = 42$，Dが$13×4 = 52$で，Dの方が10大きく，十の位はCが$14×20 = 280$，Dが$13×20 = 260$でCが20大きいことから，積全体はCの方が10大きくなり，最小となるのはDの「$13×24$」であることが分かる。

　また，「なんで1000違うの？」という子がいたこともある。「ホントだ」という反応があったので，どういうことかを問うと，積が最大であるB（$41×32 = 1312$）と，積が最小であるD（$14×23 = 312$）の積の差がちょうど1000になっているのである。この場合も同じように部分積に着目してみると，乗数の一の位をかけた部分積は，Bの方が30大きく，乗数の十の位をかけた部分積は，Bの方が970大きいことになる。このことから，2桁の数をかけた場合の積は，一の位をかけた部分積と十の位をかけた部分積の和であるため，Bがちょうど1000大きくなるのことが分かる。

　これらをすべて扱う必要はない。子どもの気付きに応じて1つを丁寧に扱い，もう1つを適用題的に提示すれば十分である。

４ 最大・最小，変化への着目を

　今回はかけ算の筆算の例を紹介したが，この学級では低学年の頃，同じ1，2，3，4のカードを使って，たし算の筆算でも実践を行い，たされる数とたす数を位ごとに入れ替えても答えが変わらないことを学習している。本実践で，$42×31$と$41×32$の答えが同じになるはずという発言が出たのはこのことが影響していると考えられる。

　また，たし算の場合，その答えは，最小が37で，最大が73となる。さらにその和を小さい方から並べてみると，和が9ずつ増えていくという面白い発見もできる。かけ算の場合について，筆算を自由に作っていく際にも，子どもたちは最大となる場合，最小になる場合，またそれらの積の差について考えようとしたのは，このたし算での既習経験があるからといえる。

　このように，計算練習の場面でも，子どもの気づきを想定して見方・考え方を働かせることができる提示の仕方や数値設定を心がけている。

目的を意識したデータの見方・考え方の重要性

横浜市立白根小学校　宮﨑憲太

1 はじめに

「Ｄ　データの活用」の領域において，思考力・判断力・表現力等の指導事項には，「目的に応じてデータを集めて分類整理し，データの特徴や傾向に着目し，代表値などを用いて問題の結論について判断するとともに，その妥当性についても批判的に考察すること」（小学校学習指導要領，算数編）と記載されている。そのため，今回の実践は，その中のデータ活用の"目的"を児童自らが見出し，データの"収集方法"を検討し，収集したデータの"特徴や傾向"を課題と照らし合わせて考えることをねらいとして，算数のデータ活用という学習に必要感をもって取り組むために構成した学習である。

2 教科横断のカリキュラムマネジメント

総合的な学習の時間の「地域活性化を目的とした商品開発」と連動した算数科の単元である。自分たちの商品をたくさん買ってもらうために，"いつ""どこで""だれに"向けた宣伝をしたらよいかについて考える際にデータを活用することにした。情報活用能力ベーシック（一般社団法人日本教育情報化振興会）より発行されているリーフレットを参考に，「課題の設定」→「情報の収集」→「整理・分析」→「まとめ・表現」→「振り返り・改善」のサイクルを単元の流れとした。この学習のサイクルが，他教科に渡って同じ流れで進んでいくことを利用し，それぞれの評価する内容を振り分けた。

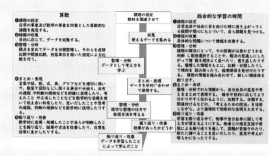

図1　単元の流れのサイクル

3 平均から生まれるデータの見方

算数科として取り扱うために年れいと性別をまとめたデータを仮想のまちとして，意図的に作成した。

図2　仮想の場面のデータ

児童たちは，このデータについて考えるまでは，「平均で考えればうまくいく」と予想していた。しかし，いざデータを整理し分析してみると，自分たちの予想していた「平

図3　データを整理・分析している様子

均」という整理の仕方が今回の問題解決に適していないことに気が付いた。「平均だけで考えてしまうと，該当する人がいない。」そこで，プロット図や最頻値，中央値など，新たな見方を提示し，新たな学習課題を作っていくことにした。児童はそのデータを食い入るように観察し，整理・分析をし始め，自分たちで学びを進めていた。

　この気付きにより，データの見方が広がり，収集したデータの整理する際に知らなければならないことを理解し，目的に合ったデータ活用の見方をする児童が増えていった。この時間のまとめでは，「平均という見方だけじゃなく，最頻値や中央値があることで同じデータでも違った読み取り方ができる。」と振り返る児童が多くいた。さらには，「データの散らばりを見ることで，どの数値を重点的に考えるか分かった。」「目的があることで整理の仕方もいろいろある。」と，目的とデータ整理の関係性に着目する振り返りも見られた。結果として，平均という既習の見方だけでなく，学習を通して，数値を様々な見方ができるように加工することの重要性を理解したのである。

4　ICT 活用での学習の加速

　このような授業から，データの見方を広げた上で，実際のデータ（仮想の場面ではなく，実際に自分たちでデータを収集）から整理し，分類，まとめていく学習を行った。Google-forms を活用し，そのデータをグラフ化して表現したり，アナログでの集計をしたりする児童もいた。こうした整理の仕方を選択することも児童にとっては大きな学びとなった。

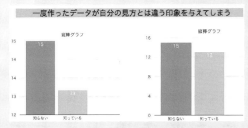

図4　児童が作成したデータの見方

　また，図4のように見え方の違いが生まれることに気が付き，目的や伝えたいことに合わせてデータをまとめる必要があることを感じ，実社会でもデータの見方には，数字だけにとどまらず，加工の仕方が大きく関わってくることも学習した。

5　終わりに

　データ活用の学習では，いかに実用的で身近な目的を見つけるかによって，その単元で得られる見方や考え方には大きく違いが出るのではないかと考える。算数科の学習をより深いものにしていくためにも，教師自らが教科横断的な学びを意識し，そして児童の思いを繋ぎ合わせ，学習が進んでいくことが重要であるのではないだろうか。

参考文献
中川一史，小林祐紀，兼宗進，佐藤幸江編著（2020）カリキュラム・マネジメントで実現する学びの未来，翔泳社
日本教育情報化振興会（2021）情報活用能力ベーシック（小学校版）

学びに自由を生み出し，無限に広がる表現の世界

熊本大学教育学部附属小学校　津川郷兵

1 自由を生み出す

　学習指導要領解説算数編では，乗法との出合いについて，「ものの数をまとまりとして捉えることで，構成を再現しやすくなることに気づき，乗法的に見ることへとつなげることをねらいとしている」とある。普段の生活において，目の前にあるたくさんのものの数を数える際に，まとまりをつくったり，並べ替えたりすることで乗法的に見ながら数える場面は多くある。次に，教科書を見ていくと，2年生の教科書におけるかけ算との出合いの場面では，まとまりがすでに完成されている世界が多く映し出されている。そして，それらの場面に動きを加えるために，ページをめくると続きの場面が示してあるなどの工夫がある。その教科書の世界の中で，子どもたちはまとまりに目を向けていきながら，乗法の考え方を捉えていくのである。今回は，この部分に自由を与えるために端末に委ねようと考えた。

　子どもたち自身がイラストを自由に動かし，まとまりをつくりだせるようにお菓子の絵のあるカードを用意した。それぞれのお菓子は動かすことができるようになっている。様々なパターンのまとまりを見出すことができるように，約数の多い24個のお菓子を用意した。

まとまりを意識させるために，色や形，種類に着目することで2つずつ，4つずつ，6つずつなどという見方ができるようにした。

【子どもたちに配付したカード】

　子どもたち自らがまとまりを見出しながら，ものの数を数えることで，乗法との出合いができるように学習環境をデザインした。

2 授業の実際

| 使用端末……………………………iPad |
| 使用アプリ……ロイロノート・スクール |

　最初に，子どもたちには何も伝えることなく，先ほど示したカードを大型テレビに提示した。

C「お菓子がたくさんある！」

C「チョコレートやクッキーがあるよ。」

C「何だか形が違うね」

T「どんな形がありますか？」

C「丸や四角，星形やハート型があります。」

C「いくつあるのだろう。」

C「20個じゃない？」

C「もっと多いよ。数えにくいなあ。」

　お菓子の種類や形などのまとまりに着目させた上で，「お菓子の数を数える」という話題へと移行していった。

C「やっぱり28個ぐらいじゃないかな？」

C「テレビ画面だと遠いし，綺麗に並べたくても並べられないよ」

C「タブレットに送ってください！」

　そこで，ロイロノートでカードを子どもたち一人一人に配付することにした。

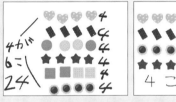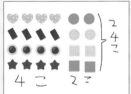

【実際に子どもがつくったまとまり】

　子どもたちは，「お菓子を数える」という課題のもと，タブレット上で自由にお菓子を動かしながら，自分が数えやすいようにまとまりをつくり出していった。次第に，子どもたちの中には並べた後に，数や式，言葉をカードに書き込み出す子も現れ始めた。自分で並べてつくり出したまとまりに，それぞれが込めた思いや意図を，相手に伝わるように自由に表現し始めたのである。そして，例のように並べた子や2このまとまりで数えた子，4このまとまりで数えた子など，様々に自分オリジナルのまとまりを見つけながら並べていた。まとまりごとに並べることで，同数累加の状況が生まれ，数えやすいということに気づいていった。

　子どもたちがまとまりをつくった後，それぞれのカードをタブレット上で共有した。

C「ハート，長四角，丸，星，真四角，ギザギザの形ごとに並べると，4つずつが6個あるね。」

C「違う種類の形どうしを一つの袋に入れるみたいにすると，6つずつが4個あるよ。」

　これらのカードを共有することにより，一つのまとまりの並べ方から，他の見方も表出してきた。「それだったら」とまた新しいカードを複製して，別のまとまりを見つけようとする子も出てきた。自分たちで自由にまとまりを生み出した経験があるからこそ，他の友達はどのようなまとまりをつくって並べているのか，興味津々の様子だった。

3 タブレットだからできること

　タブレット画面のキャンバスで自在にお菓子を動かし，考えを自由に書き込む姿があった。表現方法がさらに広がったのである。また，自らつくり上げたカードを即時に多くの友達と共有することで，新たな見方も生まれてきた。自分のカードと友達のカードを見比べ，自分の考えを修正し，さらに良くしようと働きかけ直す姿もあった。配付されたカードは複製できるので，新しい考え方の蓄積もできる。

　タブレットは，学びにたくさんの選択肢をもたらす。選択肢が与えられるということはつまり，自由が与えられるということである。自由が広がるほど，より子どもたちが頭の中で思い描くイメージに近い形で表現することが可能になる。タブレットの中には子どもたちの多様な考え方が織りなす，無限に広がる表現の世界がある。

おもしろ問題

「四角形でも使えるきまりなのかな？」

新潟大学附属新潟小学校　二瓶　亮

　5年「図形の角」で，「三角形の外角は，それと隣り合わない二つの内角の和に等しい」という性質を学習する（図1）。180°から引く計算を行う必要がないため，「簡単で便利なきまり」と感じる子どもは多い。

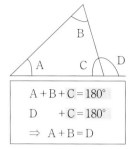

$$A + B + C = 180°$$
$$D \quad + C = 180°$$
$$\Rightarrow A + B = D$$

図1　三角形の内角と外角の性質

　「この内角と外角の性質は，四角形でも使えるのか？」便利なきまりのため，子どもは「四角形でも使えたらいいな」と期待する。実際に，教科書等に載っている四角形の外角を求める問題で試してみると，残念ながら実際の角度よりも大きくなってしまうため，この性質は使えないということになる。ところが，おもしろいことに，実際の外角の大きさと比べると常に180°大きくなっていることが分かる。180°というと，「三角形の内角の和」もしくは「直線からできる角度」のどちらかが関係しているのではないかと期待が高まる。

　180°大きくなる秘密は，四角形の内角の和（360°）と，直線からできる角度（180°）の差が180°だからである（図2）。つまり，四角形の外角は，それと隣り合わない三つの内角の和よりも180°小さくなる。「だったら五角形は…？」と発展させてみるのもおもしろい。

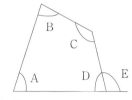

$$A + B + C + D = 360°$$
$$E \quad + D = 180°$$
$$\Rightarrow A + B + C - 180° = E$$

図2　四角形の内角と外角の性質

「並び替え」から「きまり発見」へ

鹿児島県薩摩川内市立高来小学校　上田幸昭

　小学校での数と計算領域のまとめである分数の除法の単元をすべて終えた子供たちに，水筒の中身を分数で表した問題場面で「どの水筒が一番多く残っているでしょう」という学習課題とともに右図のように並べた分数カードを提示した。

$$\frac{1}{2}\ \frac{1}{3}\ \frac{2}{3}\ \frac{3}{4}\ \frac{1}{4}\ \frac{2}{4}\ \frac{4}{5}\ \frac{1}{5}\ \frac{2}{5}\ \frac{3}{5}$$

　すると，子供から「2分の1と4分の2は同じ」などのつぶやきがあった。そこで，どのように考えることができるかを問いながら数学的な見方・考え方に関する子供のつぶやきを板書していった。その際，「2分の1が一番小さいはずだよね」と発問することで，「違うよ。だって……」という子供の説明から「小さい順に並び替える」活動に入っていく流れとした。並び替える活動では，自力解決の時間を短めに設定し，早い段階で子供の言葉を頼りに既習と関連付けながら全体で共有していくようにした。さらに，ある子の気付きから，右図のように並び替えた分数カードを示し，「○○さんが何に気付いたか分かる？」と発問し，「きまりを見つける」活動へと展開していった。

$$\frac{1}{5}\ \frac{1}{4}\ \frac{2}{5}\ \frac{1}{3}\ \frac{2}{5}\ \frac{3}{5}\ \frac{2}{4}\ \frac{3}{4}\ \frac{4}{5}$$

　このようなきまり発見の問題において，子供が主体的に発見・解決する過程を大切にすることで，「帰納的に考える力，演繹的に考える力，類推的に考える力」等の思考力・判断力・表現力等を鍛えることにつながり，数学的な見方・考え方が豊かで確かなものとなっていくことが期待できると考える。授業の実際では，教師の予想を超える子供の発見が多くあった。このような発見を子供と一緒に喜べる授業を積み重ねていきたい。

同じ志をもった仲間だからこそ本音でぶつかりあい、互いに成長できる場

池田支部

森谷明夫 （大阪教育大学附属池田小学校）

❶ 支部の主な活動について

本支部では、互いに授業を提案し、算数の授業のあり方について、語り合っている。メンバーは、大阪の池田市を中心に、東大阪市や平野区、また、大阪から離れたところでは、三重県から参加している。

主な活動の内容は以下の通りである。

①授業ビデオによる提案

②授業ビデオについての協議会

③指導案検討や教材研究など

提案は、授業ビデオであるが、実践発表の場合もある。協議会では、遠慮なく思ったことを言い合っている。言い合うことを楽しみながらも、改善点や修正すべき点をしっかりと伝えている。それは、互いのことがよくわかっているメンバー同士であり、「さらに良くなってほしい」という願いを込めているからである。

指導案について、話し合うこともある。学校の垣根を越えて、教材や発問、授業の展開の仕方などのあらゆる改善点について率直に思ったことを伝えている。教材研究についても、メンバーの悩みをもとに、議論する教材を決めている。決定した教材の困り感を具体的に出し、それを少しでも解決できるように議論を重ね、よりよい教材を作り上げている。

❷ 実際の活動について

活動の一部ではあるが、今回は、大阪教育大学附属平野小学校の山﨑善和先生の1年生

「大きさくらべ」の提案を紹介したい。

目標は、任意単位による広さの比べ方のイメージをもって理解することであった。

図あと図いを提示   して、広さくらべを行った。子どもたちは任意単位として、色板やブロックを使い、広さくらべを行う姿が見られた。そこで、色板の枚数によって広さが同じであることを見出すことができた。しかし、ブロックを使った場合は、図いの広さを比べることが難しく、イメージがつかめない子どもがいた。とこ
ろが、「移動する」という言葉がヒントになり、写真のように、ブロックを使っ

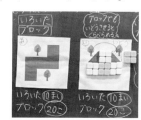

た広さ比べのイメージをつかむことができた。

この提案に対して、「子どもたちが、図に合わせた任意単位を自分で探して扱い、広さを比べることができている。」という意見が出された。また、「マスとブロックの扱い。」「提示された図形」などについて、意見が出され、授業の質をさらに高めるために議論を重ねた。

❸ 今後の活動について

授業の質を高めることを目標に授業を見せ合い、議論を重ねていくことを今後も継続していく。また、新たな人とつながり、活動の輪を広げていきたい。

見て、見て！ My 板書

青い空に絵をかこう
──黒板にみんなで創る

鹿児島市立西紫原小学校

福富　健

1 自分たちで創る算数の世界

「青い空に絵をかこう」という歌がある。自分たちで描いた船に乗って「あしたはエイ！　ヤァー！」と「ボクらの世界」に進んでいく。無限に広がる空にいろいろなアイディアを出し合って「ボクらの世界」を創り出すのは，どんなに愉しいことだろう。

　2年生を担任した時のこと。一人の子が「今日はみんなの考えで黒板がいっぱいだ」と言った。「みんなでああだこうだ考えた時は，黒板もいっぱいだよね」別の子が続く。それから学級の合言葉は「目指せ『ああだこうだ授業』」になった。「ああだこうだ」と対話しながら問題を解決していく時，黒板は子どもたちのかいた絵や図，言葉，式などでいっぱいになる。そこには，仲間と共に冒険して創った自分たちの算数の世界が出来上がる。

2 表し考え創る協働の場としての黒板

　授業は，加法と減法の相互関係を理解する，

いわゆる逆思考を働かせる文脈の問題。先にいた人と後から来た10人を合わせると25人になるという話。子どもたちは，式がひき算になると言う。分からないという友達に図をかいて説明する。「まず25人いるでしょ。後から来た10人を引いて……あれ？」慌ててその図に×をかいてかき直す。表しながら考え迷う友達を見て，別の子がお助けで入る。「最初にいた人数が分からないんだから，全部の25人から後から来た10人を引く25－10でいいんだよ」しかし，最初に説明しようとした子は，「図にかいていたらなんかおかしくて」「元から25人いたわけじゃないから……」そこから，図に表す順番に「おかしい」の意味を求め始める。後から増える話だからたし算ではないか。「だったら，お話どおりに『？＋10＝25』でどう？」未知数を？と表し，新しい式を創り出した子どもたち。黒板左にはたし算，右にはひき算，そのどちらも意味付けた考えが真ん中下に書かれた。そこには，うまくいかなかったことも価値ある冒険の跡＝学びとして残る。

　そんな「ボクらの世界」を黒板という青い空に子どもたちと共に創っていきたい。

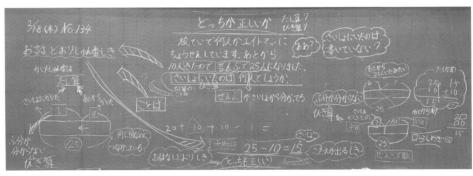

見て、見て！ My 板書

板書を手がかりに，算数を創り出す
～6年「場合の数」～

北海道教育大学附属札幌小学校
園部　穂

1 「補集合の考え」の難しさ

6年「場合の数」の学習で，「5種類から4種類選ぶ時の組み合わせの個数」を，その補集合に着目し，「選ばない1種類を決めるのと同じだから5通り」と考える方法を発展的に扱う場面がある。

しかし，この考え方を子ども自身で導き出すことは難しい。そこで，「補集合の考え」を子ども自らが創り出していく授業を目指した。そのための手がかりの一つとしたのが「板書」である。

2 子どもの気付きを促す板書構成

A～Eの5個のアルファベットから教師が□個選び，そのアルファベットを子どもが当てるという活動を設定した。

初めに「先生がアルファベットを何個選べば，簡単に当てられそう？」と問いかけた。そして，子どもと対話しながら，「5個全て選ぶと1回で当てられる」「1個だったら，5回以内で当てられる」ということを確認した。

次に「2個，3個，4個だったら，どれが1番当てやすいかな？」と問うた。すると，「2個」，「4個」，「全部同じ」と，子どもの予想が分かれた。そして，それぞれ何回以内に当てられるかを調べるために，組み合わせの数を求めようと子どもは自ら動き出した。

ここで，板書構成を次のように工夫した。

①2～4個選ぶ組み合わせを調べるための子どもの考え（表や図）を板書に位置付ける。

②1～4個選ぶ時の組み合わせの数を並べて書き，それらの数の関係に着目させる。

それぞれの組み合わせの数から当てやすさが明らかになった時，別の問いが生まれた。

「2個と3個，1個と4個が同じだ！」

「たまたまじゃないの？」

「理由が分かった！だって表で見るとさ……」

こうして子どもたちは，板書を手がかりに1個～4個選ぶ時の数の関係に着目し，「補集合の考え」を自ら創り出していったのである。

全国算数授業研究会 月報：**実践報告**

3年「三角形と角〜二等辺三角形の作図〜」

広島県三次市立十日市小学校　**瀬尾駿介**

今までの私の算数授業	これからの私の算数授業（主張点）
作図指導の場面で，図形を描けるようになることばかりに意識が向いていた。	作図指導の場面で，図形の向きや見せ方を工夫することで，正確に描くことよりも，操作の意味や図形の性質に目を向けて考えることができるようにする。

提示した問題

> 辺の長さが6cmと8cmでできた二等辺三角形をかきましょう。

→ 6cm

→ 6cm ⌒ 8cm

> この描き方では，二等辺三角形にならないの？

先生はまず6cmの直線を引いて…

次にこう描いた！　図2

1 授業の実際

「先生が二等辺三角形の描き方を忘れてしまって困っている」という文脈で，上記の問題を提示し，子どもに描き方を尋ねた。6cmの辺を1本引いた状態で，その続きを作図してもらうと，ほとんどの子どもが右図1のような方法で作図を行っていた。等辺を2本写し取る，子どもたちにとって馴染みのある方法である。

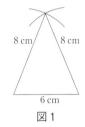

8cm　8cm

6cm

図1

続いて，「みんなの描き方をみていたら描き方が分かったよ」と言って，教師が上図2のような方法で作図を行った。教師がコンパスで6cmを写し取る時には，子どもたちから，「ちがうちがう‼」「8cmにしないと！」と声が上がった。意見を聞いてみると，「辺の長さを同じ長さにしないといけない」「このままでは二等辺三角形にならない。きれいじゃない」という意見が出た。

この時点で，この描き方でも二等辺三角形になると気付いていた子どももいるが，大半の子どもはまだ気付いていないようであった。そこで，先

に「どうして二等辺三角形にならないと思ったのか」を話題にして，話し合った。

二等辺三角形の定義や，コンパスでの操作の意味を確認しながら話し合いは進んでいった。そして，「二等辺三角形にならないと思った理由」を説明し終えた時には，逆に，ほとんどの子どもたちがこの描き方でも「二等辺三角形になる」ことに気付いていた。振り返りでは，「どちらの三角形も長さが同じ辺が2本ある（ことを見抜く）ことが大切」という意見や，「先生が描いたものも二等辺三角形なんだってことが大切。三角形が斜めになっていたからだまされた」等の意見が出た。

2 協議会での意見と「これからのわたし」

協議会では，描き方の提示方法や展開の代案，子どもが作図するタイミング（「本授業では最後に作図したが，議論の途中で実際に描いて確かめたい」等），子どもの意識をもっと「描き方」に焦点化させるための手立て等が話題となった。先生方のどの意見も面白く，勉強させていただいた。激しい協議会によって，主張に対する自身の手立ての甘さも痛感したが，これから試してみたいこともたくさん手に入れることができた。一緒に授業をしてくれた子どもたち，協議してくださった先生方に感謝し，ここをスタートとして，「これからのわたし」を実現し，そしてアップデートし続けていく。

Monthly report

※本稿は，全国算数授業研究会 月報第292号（令和5年3月発行）に掲載された事例です。

全国算数授業研究会 月報：**実践報告**

4年「面積」の発展～どの形の面積が一番広いかな

高知大学教育学部附属小学校　**松山起也**

1 授業にあたって

　面積の学習において，求積公式を知った途端，何も考えずにただ公式に数字をあてはめ，計算で面積を求めようとする子どもを見かけることがある。面積の概念について学習する時期にこそ，これまでに培った図形感覚を豊かに働かせながら，もっと多様な見方で面積の求め方を考えることを楽しんでほしいと思う。そこで，4年「面積」の発展的な内容として，自分でかいたいろいろな図形の面積の求め方を考える授業を実践した。

2 授業の実際

　まず，「8この点を直線でむすんで形を作ります」と板書し，ドットがかかれたシートを提示する。そして，子どもに直線を引かせながら「8この点をむすんで形を作る」というイメージを全体で確かめていく。

右のような台形が完成したところで，「他の形もかけそうかな？」と尋ねると，「正方形や長方形もできそう」「斜めもありなら三角形もできる」という声が聞かれ，「自分でもかいてみたい」「シートを早くちょうだい！」と意欲的に図形をかこうとする姿が見られた。

　しばらく図形をかく時間を取った後，子どもがかいた図形をいくつか前に貼ったところで，「いろんな種類の形ができてすごいな～。ところで，これは全部8この点を結んだ形だから，面積は同じだよね？」と投げかける。すると，「うん」と頷く子どもと首を傾げて考える子どもの姿が見られ，次第に「面積は違う」という声が増えてくる。

　そこで，「この中で面積を求められそうな図形はどれかな？」と尋ねると，次の3種類の図形なら求められそうだという声があがる。それぞれに

面積を求めさせると，「長方形は3cm^2」「正方形は
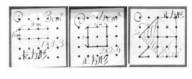
4cm^2」「やっぱり面積は同じじゃなかった」「ひし形みたいな正方形はもっと大きいように見えるけど，一辺の長さが分からない……。どうやって面積を求めたらいいのかな？」と困る様子が多く見られ始める。そこで，求め方に気付いたA子にヒントを出させる。A子は正方形を対角線で区切り，左側の2つの三角形に斜線を引いて矢印をかき込んだ（右上の写真）。それを見て，「わかった！右に移動させればいいんだ！」「なるほど！縦長の長方形にするんだね」

と，等積変形の考え方に気付いた子どもが次々に説明し始める。「面積は8cm^{2}だね」「だったらこんな方法でもできるんじゃない？」と更にB男が右のような考え方をシートにかいてみんなに紹介した。

　「この方法を使えば自分がかいた他の形も面積が求められそうだ」という声が聞かれたところで，最後に「一番大きいのはどんな形で何cm^{2}になるのかな？」という問いを投げかけて授業を終えた。

　今回は飛び込みで1時間の授業だったため，この後の活動を一緒にすることはできなかったが，本時で出された図形のデータは後で写真に撮って全員に共有してもらい，一番大きい図形を探すという活動を担任にお願いした。本時では，図形をかく時間を長くとった分，多様な考えを共有し合う時間を十分に確保できなかったが，授業が終わった後でも，「この形の面積は簡単だね」「この形は無理じゃない？」「いや，こうすれば……」と友達と頭を突き合わせながら面積の求め方を楽しそうに考える子どもの姿が見られたことは嬉しかった。

※本稿は，全国算数授業研究会 月報第294号（令和5年4月発行）に掲載された事例です。

Monthly report

『真実感と充実感のある算数指導』

菊池兵一 編 著

東洋館出版社

昭和58年の夏の3日間において開催された第65回全国数学教育研究（埼玉）大会の講演記録と，編者である埼玉大学教授菊池兵一先生が「真実感のある算数指導」の講演記録を加えて，一冊にまとめたものである。当時，算数・数学教育界で著名な7名の先生方が名を連ねている。文章もそのままの講演記録であるため語りかけてくる臨場感があり，読み応えのある本である。

いずれの先生方の内容も，現在に通じるものであり，算数・数学で大切にしたい内容が記されて

いる。特に，「数学的な考え方」については，具体的事例とともに様々な角度から語られている。

また，第7章「算数教育における評価」で杉山吉茂先生は，「評価に着目すると授業が変わるというのは，そういう具合に評価を生かしながら，着実な指導をしようと思うと，教材研究も，子供の研究も，つまずきの研究も，指導目標の研究も，いろいろな研究がその中に入ってくるからです。」と述べている。評価に注目し算数の研究をすることは，算数の授業を改善するという意味で，大変意義があるということである。

今回改めて読む機会をいただき，「数学的な考え方」や「評価」の根底にある考え方は，ずっと変わらずに生きていると認識することができた。かなり古い書籍であるため，入手困難かと思われるが，先輩方に聞いてみるなどして，是非，若い先生方に読んでいただきたい一冊である。

（青森県十和田市立北園小学校　繁在家康文）

『自律的な学習意欲の心理学―自ら学ぶことは、こんなに素晴らしい』

櫻井茂男 著

誠信書房

新しい学級を受け持ち，半年を過ぎたあたりに自分の成長を振り返るようにすると，「自分から発言できるようになった」「考えたことをノートに書けるようになり，ノートづくりがうまくなった」という感想をもつ子どもがたくさん現れる。

このような子どもの姿を引き出すためには，「はっきりさせたい」「なんとかしたい」など，知的好奇心に基づいて学ぼうとする「内発的な学習意欲」を高める指導と評価が必要である。それと同時に，「人の役に立ちたい」「自分を成長させた

い」など，人生（将来）の目標を達成するために意識的に学ぼうとする「自己実現のための学習意欲」を高める指導と評価も欠かせない。

「内発的な学習意欲」と「自己実現のための学習意欲」を1つにまとめたものが，「自ら学ぶ意欲」（自律的な学習意欲）である。

櫻井氏は，本書において，「自ら学ぶ意欲」（自律的な学習意欲）が子どもの生き方，キャリア発達，「主体的・対話的で，深い学び」の実現などに関わることや，自ら学ぶ意欲（自律的な学習意欲）によって学ぶことがとても素晴らしいことを主張している。章には，「自ら学ぶ意欲のメカニズム」「自ら学ぶ意欲と発達」「学習意欲に関連する理論」「自ら学ぶ意欲の育て方」などがある。

全ての教師にとって必読の内容でいっぱいである。一般読者向けに，最近の学習意欲の研究をわかりやすくまとめられており，おすすめの1冊である。

（札幌市立発寒小学校　中村光晴）

♀ SPOT-11
全ての道は聖地「熊野本宮」へつながる

和歌山県田辺市立会津小学校　向井大嗣

　和歌山県の田辺市には世界遺産「熊野古道」がある。平安時代，都があった京都から田辺市の山深くにある本宮大社を目指す熊野詣でが始まった。歌人藤原定家が記した「熊野御幸記」には，後鳥羽上皇の参詣に同行した時の様子が細かく残されていて面白い。現代語訳され，イラスト付きで詳細に熊野御幸の様子を描いた絵日記が，道の駅「奥熊野古道ほんぐう」に展示されている。

　「熊野御幸記」によると，一行は631 kmの道のりを26日間かけて移動している。一日の移動距離を考えてみる。631÷26＝24.2となり一日あたり平均24.2 km進んだことになる。古道を歩く時は時速4 kmほどになるらしいので，24.2÷4で一日6時間ほど歩いたのではないかと推測できる。

　しかし，山道の険しいところは一日でたった5 kmしか進めていない日もある。反対に本宮大社から熊野速玉大社までを船で下ったときは50 kmを移動している。「明け方出発し，お昼に到着した」という記述があるので，50 kmを約6時間で移動したことが分かる。（御幸は10月に行われた。田辺市の10月の日の出は6時頃）50÷6＝8.3.. で船は時速8.3 kmほどで移動したことになる。

　さらに徒歩で一日85 kmを移動している日もあることに驚かされる。85÷4として移動時間は約21時間と考えることができる。

　進んだ距離や時間が推測の範囲でも分かれば，一行の苦労やそこまでして熊野に入る信仰の深さに思いを馳せることができる。ぜひ，田辺市そして熊野に足を運んでいただきその歴史を感じていただきたい。

♀ SPOT-12
伝統工芸品　博多織

福岡市立大楠小学校　森　真子

　福岡といえば伝統工芸品の博多織が有名である。博多織のはじまりは鎌倉時代，江戸時代には黒田長政の黒田藩から幕府への献上品として選ばれた。歌舞伎役者の七代目市川團十郎が「助六由縁江戸桜」の公演で博多織を身にまとい，宣伝したことでさらに広まることになった。博多織の中でもよく目にする献上柄の模様は独鈷（どっこ）と華皿（はなざら）という仏具である。

独鈷　　華皿

この繰り返し織られる織物の模様は，眺めていると三角形やひし形が浮かび上がってくるように感じる。そこで，この博多織の模様をパターンブロックで表すことができるのではないかと思い，実際にやってみることにした。

　独鈷の模様は中央に外向きの⇔のような形である。ここは，二重の鋭角を作らないといけないため，外側は細いひし形を組み合わせ，内側は三角や台形，ひし形を組み合わせることでバランスがとれた。一方，華皿の模様はひし形を並べたような形のため，パターンブロックの組み合わせ方がいくつか出てきそうだ。

独鈷

華皿

　伝統工芸品×算数，見え方と発想の違いから，会話が広がりそうだ。
出典［博多織工業組合　http://hakataori.or.jp］

3年「あまりのあるわり算」から単元をつなぐ

−既習と未習の境目を意識して，問いを見いだしていく子ども−

連載◇第13回

田中英海

1 本時のねらい

第3学年「あまりのあるわり算」は，主に包含除場面において，九九では答えを求めることができない場合もわり算として計算できることを学習する。さらに場面に応じた商の解釈とあまりを処理する学習が行われる。

全国算数授業研究大会での提案授業では，"等分除"場面を連続量で提示する問題を扱った。13cmのソフトキャンディーを2人で同じ長さに分けます。一人分の長さはどれだけになりますか。である。この問題であればあまりの1cmをさらに分けることができる。4年のわり進む学習に近いが，対象とした子どもは小数や量分数が未習である。とはいえ身長や体温，靴のサイズなど，身近な小数表現を知っている。そんな子どもたちが既習や既有経験と未習の境目に問いを見いだし，あまり1cmに対して算数を新たに創っていくことをねらった。

2 授業の実際

導入では，「13÷2＝6あまり1になるお話はどちらでしょう？」と包含除と等分除の場面を同時に提示した。子どもとは，包含除をとり算，等分除をわけ算として，操作を表現した。そして，どちらも同じまとまりずつ取る操作やかけ算の逆算であることをもとにわ

り算として統合している。どちらもわり算で表せるが，場面や操作の違いがあることを経験している。

13÷2＝6あまり1の式になるお話は

13cm

2cmずつ切りとっていくと2cmのキャンディーは，いくつできますか。

2人で同じ長さに分けると一人分の長さは，どれだけになりますか。

13÷2＝6あまり1の式がどちらの話を表しているかグー，パーで表現させると，おおよそ同数であった。また「どっちも」とつぶやいている子もいた。教師から黒板（下図）のようなテープ図を示し，図でその話が合っているかを説明する活動に焦点を当てた。

授業後の協議会では，等分除の問題だけを提示し，表現などを指定せずにそのまま考えさせる代案をいただいた。検討場面で全ての考えを取り上げることの難しさや，式と図を関連づけて説明することをねらい，式を問題提示をして，図の自力解決に絞っている。

包含除の場面の検討では，2cmずつを分けていくこと，かけ算の式で2×6＝12であま

り1cmであることが説明された。この時，あまりの1cmが2の半分，$\frac{1}{2}$であるという割合的な見方の発言があり大変興味深かったが，今回は扱うことを避けた。

等分除の場面の検討では，左から6cm，6cm，1cmと分けた図の子（下板書左図）を取り上げた。1人分が6cmであまり1cmと多くの子が納得していたが，「図がおかしい気がする」，「とり算みたい」という反応があった。そして，これまでの等分除の場面を振り返り，「今まで1つずつ二人に分けて言っていたから変」と既習事項を想起した発言もあった。これまでの等分除が分離量の場面だったことでの操作の違和感が生まれていた。式を先に提示したことで6cmありきの操作や図表現になっている子もいた。そこで，13cmの中心で2人に分けていた児童を指名した。

この図（右）を見て，ねらっていた「あまりの1cmも分けられると思う」という反応が広がってきた。ここで，「あまりの1cmも分けられるって言っているけれど本当かな？」と問い返し，考える時間を短くとった。すると，半分に分けられる，あまりの1cmを$\frac{1}{2}$にするという意見が出た。さらに5mm，

0.5cmという発言があった。0.5cmについては，日常場面を想起させ，小数の表現があることに触れた。そして1人分の長さが13cmの$\frac{1}{2}$，6cm5mmになることを確認することができた。

あまりの1cmも分けられるのかという議論の中で「式がへんだ」とつぶやいている子がいた。その子は「わけ算の13÷2＝6あまり1の式がおかしい気がする。」と発言した。この問題の等分除場面ではあまりが出ず，式6あまり1にならないこと気付いたのである。等分除ではあまりがないのか，終末で新たな問いをもって授業を終えた。あまりのあるわり算は，式として特殊な表現である。19÷3も6あまり1だが，13÷2と等式で表せない。

次時では，連続量と分離量の等分除場面を比較した。あまりが出る場面と出ない場面の違いに着目すると，「cm/個」「半分に折れる/折れない」「cmにはmmなどの小さい単位がある/個には小さい単位はない」と，連続量のあまりをさらに分けていけることを子どもなりにつかんでいった。このように下位単位に目を向けられることは，1より小さい数への気付きにもなり，小数や分数との学習の接続にもつながった。あまりのあるわり算の式への違和感も，数の範囲を広げた後の，わり進みの場面を考える課題へとつながっていくことができるだろう。

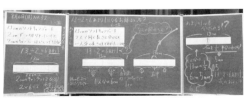

TANAKA Hidemi

AOYAMA Shoji

MORIMOTO Takashi

OHNO Kei

NAKATA Toshiyuki

SEIYAMA Takao

NATSUSAKA Satoshi

趣味 の 割合

連載
第1回

便利だけれど難しい

青山尚司

❶ 割合で表示されるよさ

バスケットボールのワールドカップで日本代表の試合を TV 観戦していた時，次々とスリーポイントシュートを決める富永選手の決定率が100％と表示され続けていることに興奮した。6本目までは100％で，7本目を外して86％となり，最終的には8本中6本の75％となったのだが，この割合は，富永選手のスリーポイントシュートの上手さを表している。次の試合も4本打てば3本は入るだろうと期待をもつことができる。このように，試合中に割合が示されることによって，選手個々が，或いはチームが何を得意としているのかが非常に分かりやすかった。

割合は便利である。しかし，割合の授業が難しいという話をよく聞くのはなぜであろうか。5年生の割合の導入場面で考えてみる。

❷ 割合の指導上の困難点

（1）差で比較することの不都合

図1に示した記録からAくんとBさんとではどちらが上手いと判断するであろうか。よく，「どちらも3本失敗しているから同じ上手さ」と

	打った本数	入った本数
Aくん	12	9
Bさん	10	7

図1　AくんとBさんのシュートの記録

いう子がいる。しかし，その理屈だと100本打って97本入った人と，3本打って全部失敗した人が同じ上手さになってしまう。差での比較が妥当ではないことを子どもが理解するには，極端な例を挙げることが有効である。

（2）そろっていない二量

また，AくんとBさんは打った本数も入った本数もそろっていな

	打った本数	入った本数
Aくん	12	9
Bさん	10	7
Cさん	12	7

図2　Cさんの記録を入れた提示

いためこのままでは比べることができない。そこで，図2のように予めCさんを登場させておき，AくんとCさんであれば，打った本数が同じであるから入った本数が多いAくんの方が上手く，BさんとCさんであれば，入った本数が同じであるから打った本数が少ないBさんの方が上手いと判断する流れを作るのである。そして，AくんとBさんの上手さを比較する際に，打った本数か，入った本数のどちらかをそろえる発想につなげていくことが大切である。

（3）比例関係の仮定

そろえる際に打った本数の最小公倍数を用いる子どもがいる。Aくんの場合は打った12本を5倍して60本にしたので，入った9本

も5倍にして45本，Bさんの場合，打った10本を6倍して60本にしたので，入った7本も6倍して42本となるので，Aくんの方が上手いと判断するのである。ただ，この操作をすんなりと認めない子もいる。Aくんが60本シュートを打ったら45本成功するかどうかはやってみないと分からないからである。上手さを比較するために，これからもその調子が同じように続いていくことを仮定し，比例関係を用いた期待値で比べることへの納得や理解が必要となるわけである。

また，Aくんは$\frac{9}{12}$，Bさん$\frac{7}{10}$のように，打った本数のうち，入った本数がどれだけにあたるのかを分数で表す子もいる。そこから，Aくんは$\frac{9}{12}=\frac{45}{60}$，Bさんは$\frac{7}{10}=\frac{42}{60}$と，通分をして分母をそろえるのだが，その際にも打った本数と入った本数の比例関係を仮定していることを丁寧に確認する必要がある。

（4）数値の意味理解

授業の後半は，いちいち通分することの煩雑さから分数を小数に直していく。Aくんは，$\frac{9}{12}=9÷12=0.75$，Bさんは，$\frac{7}{10}=7÷10=0.7$で，数値が大きいAくんの方が上手いと判断するのである。

また，商の意味をAくんは「1本中0.7本」，Bさんは「1本中0.75本」成功すると解釈する子もいる。これは，単位量あたりの大きさの学習をもとにして，打った本数を1本にそろえたときの入った本数で比べているのだが，分離量である本数を「0.7本」のように小数値で表すことに違和感をもつ子もいる。やはり，何本打った場合でも，打った本数を1と

したときに入った本数がどれだけにあたるのかが不変であるという意味の理解が大切となる。

❸ その先を考えてみると

割合の指導には，ざっと思いつくだけでこれだけの困難点があり，それらを乗り越える手立てを講じる必要がある。しかし，冒頭で記したように，シュートの成功率がリアルタイムで変化する様子を観察することは意味理解の助けとなる可能性がある。表にして結果を示すのではなく，1本ずつ結果を更新しながら，その変化を追うのである。

例えば，AくんとBさんがもう1本ずつシュートを打ったらどうなるであろうか。Aくんは入れると$\frac{10}{13}=$約0.77，外すと$\frac{9}{13}=$約0.69となり，Bさんは，入れると$\frac{8}{11}=$約0.73，外すと$\frac{7}{11}=$約0.64となる。Aさんが外して，Bさんが入れた場合，上手さが逆転するのである。

このような場面を設定すると，打った本数と入った本数の二量が変化することによって，その関係を表す割合も変化していくことが実感できるのではないだろうか。また，差で比較することの不都合にも自然と気付くことができそうである。ただ，二量の関係に着目しやすくなる反面，比例関係を仮定する意識が薄れ，不変量という割合の意味理解が不十分になってしまうかもしれない。

教材化にはまだまだ検討が必要である。しかし，日常生活で有効に使われている例を見つけて，困難な指導に役立てることができないかを考えるのは楽しいものである。

TANAKA Hidemi

AOYAMA Shoji

MORIMOTO Takashi

OHNO Kei

NAKATA Toshiyuki

SEIYAMA Takao

NATSUSAKA Satoshi

「偶然」を「必然」に近づけるために

森本隆史

◆偶然だったかもしれないよ

　インドネシアの1年生と3回ほど授業をさせていただく機会があった。バンドン，ジャカルタ，ジョグジャカルタと，それぞれ別の場所での授業だった。

　1日目の授業では，わたしが担任をしている1年生とした授業と，ほぼ同じ構成で挑んだ。「ほぼ同じ構成」というのは，見せ方と問い方などのことを示している。

　自分のクラスで授業をしたときには，子どもたちと楽しく，算数を学ぶことができたので，そのときのよいイメージをもったまま授業をしたのだ。しかし，1日目の授業はまったくといっていいほど，うまくいかなかった。

　わたしは子どもたちと算数の授業を創るということを大切にしている。子どもたちが言ったことをもとにして，次の展開を考えて，わたしが言葉を発し，子どもたちが動き出すということがしばしばある。しかし，インドネシアでは子どもたちが何を言っているのかがわからない。つまり，子どものつぶやきから，授業を展開していくことができないのである。そのことを実感したとき，わたしは，いつも子どもたちに助けられているということがよくわかった。そして，ふと昔のことを思い出した。

　わたしが筑波小で授業公開をしたとき，子どもたちが考えを広げる発言をしてくれたことがあった。わたしは，きっと問題を広げてくれるだろうと思っていた。すると，案の定，わたしが思っていたような発言をある子どもがしてくれたのだ。

　しかし，授業後，先輩から「あれはたまたま子どもが言ったからよかった。でも，あのとき，先生が思っていることを子どもが言うかどうかはわからないでしょ。偶然だったかもしれないよ」と言われた。今では，その先輩が言ってくださったことがよくわかるが，当時の自分は「偶然ではなく，日頃から『広げる』ことを意識しているから子どもたちが広げたんだ」と思っていた。情けない。

　子どもたちに算数の世界を広げさせたいと思えば，子どもたちが「広げたい」と言えるようにする必要がある。問題提示やある問題が終わったときに，教師がどのような言葉を発するのか，吟味するということである。

◆ある研究会で

　先日，ある研究会のワークショップに参加した。1年生との授業の話をされていたので，興味がわき，足を止めて話を伺っていた。

　たし算とひき算の学習を終えた1年生と，次のような問題をした ということだった。

> 1，2，3，4，5，6，7，8，9，10を，一回ずつ使って式を完成させましょう。□には数字が，○には＋か－が入ります。

授業は拝見していないので，くわしい展開はわからないが，上のように問いかけ，下のような式を見せたのだと思う。

その先生のクラスの子どもたちは，ノートにたくさんの式をかき，答えが1から5になる場合について，考えることができていた。

$$\square \bigcirc \square = 1$$
$$\square \bigcirc \square = 2$$
$$\square \bigcirc \square = 3$$
$$\square \bigcirc \square = 4$$
$$\square \bigcirc \square = 5$$

多くの子どもがたし算やひき算の計算を，楽しみながら考えていたことが想像できた。

お話は続いた。1から5のことについて，子どもたちと学んだ後，ある子どもが次のように言ったそうだ。

> 答えが6，7，8でも，できるかな？

この子どもの発言はとてもすばらしい。

算数科の目標にもあるように，発展的に考えようとしているからである。教師が「答えが6，7，8でも，できるかな？」と言うこととは大きくちがう。

このような子どもが育っているということは，教師がそのような授業を仕組んでいるということである。しかし，先ほど記したように，「偶然なのか，必然なのか」が気になってしまう。

ワークショップが終わった後，思い切ってその先生に話しかけてみた。その方は，暁星小学校の山本和弘先生だとわかった。

「先ほど，ある子どもが『答えが6，7，8でも，できるかな？』と言ったと言われましたが，その前に先生は何か言われたのですか？」と，気になったことを素直に尋ねてみた。すると，

「いえ，特に何か言ったわけではありません」と，返ってきた。ということは，偶然だったかもしれない。

「ひょっとしたら，たまたまその子どもが言ったのかもしれませんね。でも，とてもよい発言だと思っています。時が戻ったとして，この発言を意図的に引き出すために，山本先生だったら，何て言いますか？」

子どもたちが発展的に考えていくために，教師は，この瞬間にどんなことを言えばよいのだろうか。わたしは，このように考えることが大切だと思っている。読者の方なら，この場面で子どもたちにどのような言葉をかけますか。考えてみてください。

子どもたちに「広げて考えてみたい」と思わせたいのなら，教師は逆に狭めればよいと，いろいろな場所で紹介してきた。

あえて，限定すればよいのである。
「1から5の式はできたね」「1から5の式しかできないかな」というように，1から5というように場面を限定すれば，子どもたちは「6でもやってみようかな」と，動き出す。

山本先生も，「1から5の式はできたね。他にもできるかな」と言われていた。

教師が意識していけば，偶然が，少しずつ必然に近づいていくと思っている。

TANAKA Hidemi　AOYAMA Shoji　MORIMOTO Takashi　OHNO Kei　NAKATA Toshiyuki　SEIYAMA Takao　NATSUSAKA Satoshi

ビルドアップ型問題解決学習

「平行」を捉えようとする心の働きを育てる
―2年「三角形と四角形」における，敷き詰めの活動を通して―

大野　桂

1 「平行」を捉えようとする心の働きを育む

本実践の学習内容は，2年「三角形と四角形」の学習にある「敷き詰め」の活動である。

ただし，単に「直角三角形・長方形の敷き詰め」をさせようとしているのではない。実践を通して子どもに育もうとしたことは，図形の問題に直面した際，その解決に有効働く「平行」を捉えようとする心の働きである。（※この「心の働き」の詳細は，本誌「算数授業研究」第148号に掲載されているので参照されたい。）

本実践とも密接に関わる，「平行」を捉えようとする心を働かせることで問題解決へ至る代表的な学習に，4年「四角形」における「四角形の特徴」を捉える場面があげられる。

・平行線の定義を根拠に「角の大きさが等しい」ことを説明する場面

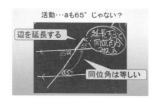

・上記を既習として「平行四辺形の隣合う角の和は180°」を説明する場面

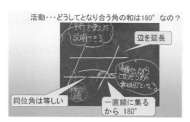

そして，この問題解決の過程で身に付けた「平行」を捉えようとする心の働きは，5年「三角形・四角形の面積」の「三角形の内角の和が180°」の説明に，有効に作用する。

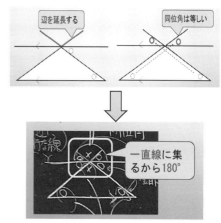

このように，図形の問題解決の根幹に関わる「平行」を捉えようとする心の働きであるが，4年で「平行」を学習したから，すぐに発揮されるものではない。低学年期からの図形の学習で，「平行」の感覚を捉えさせていくからこそ，高学年で発揮されるのである。

2 本実践で捉えさせたい，「平行」を捉えようとする心の働きの概要

本実践は，上述したような「平行」を捉えようとする心の働きを発揮させて問題解決の至れるようにするために，「低学年期に育んでおきたいこと・経験させておきたいこと」という位置づけである。

図形の敷き詰めの重要な構成要素に，「平

TANAKA Hidemi　AOYAMA Shoji　MORIMOTO Takashi　OHNO Kei　NAKATA Toshiyuki　SEIYAMA Takao　NATSUSAKA Satoshi

「行」がある。例えば，直角三角形や三角形の敷き詰めには，次のような平行が見出せる。

この敷き詰め図形に「平行」を見出そうとする心の働きは，前に述べた「四角形の特徴」や「三角形の内角の和が180°」を見出すことに直結する。だからこそ，本実践では，この敷き詰め模様の構成要素である「平行」を捉えさせたいのである。

しかしながら，はじめから平行が見えているものに「平行」を見出せても，それは当然のことである。だからこそ，本実践では，「一般四角形」の敷き詰めに取り組ませ，その構成要素となる，「平行」を捉えさせることを目的とした。

3 「一般四角形」の敷き詰めにおける「平行」について

ところで，「一般四角形」の敷き詰めであるが，実際の学習内容としては，敷き詰まることの経験は4年「四角形」，根拠を明確にすることの学習は，5年で「1点に4つの角が集まるから敷き詰まる」と意味づけする。

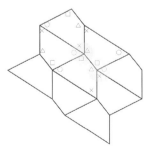

つまり，「一般四角形」の敷き詰めには，

「平行」を捉えさせようとはしていない。

実は，私自身も，本実践に臨もうとし，教材研究をするまでは，「一般四角形」が敷き詰まることの根拠に，「平行」の存在があるとは考えていなかった。

しかし，『「平行」を捉えようとする心の働きを育てる』研究に着手し，本実践の「敷き詰め」の学習の研究授業に着手したとき，「三角形や長方形の敷き詰めには，きれいに平行がみえるのに，なんで一般四角形には平行がないんだろう…」と疑問を持ったのである。そして，「一般四角形が敷き詰まる根拠にも，平行が見出すことはできないか？」という問いが生まれたのである。

そうしたら，平行線が見えた。

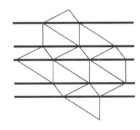

「平行」が見えたとき，私はとても嬉しくなった。そして，「一般四角形」が敷き詰まる根拠は，「三角形」が敷き詰まる根拠と同じで，「一直線で180°」と「平行」がその構成要素にあるからだと分かった。

このことは，私自身が『「平行」を捉えようとする心の働きを育てる』研究に取り組み，私自身に「平行を捉えようとする心の働き」が備わったことを意味している。そして私は，この体験を，子どもたちにもさせたいと思ったのである。それでは，次号で，実践の具体を示す……。

コンパスを使って三角形をかく
―3年「三角形」―

中田　寿幸

1 何で三角形をかくのにコンパスを使うの？

　私が小学生のときのことである。三角形をかくのに，コンパスを使うという発想がなかったことを覚えている。要領のいい子どもではあったが，そんな子どもが「円をかくコンパスなのに，なんで三角形をかくときに使うの？」「コンパスでチョン，チョンとしてできたバツと底辺の両端の点を結ぶと三角形ができるのはなぜだ？」と思いながら作図をしていたことを覚えている。

　教師から示された方法で三角形をかくのではなく，三角形をかくときに，「コンパスを使えばかけそうだ」という思いをもって作図の方法を考える子どもにしたいと思っている。

2 単元内の配列を組み替える

　多くの教科書では，正三角形と二等辺三角形を定義したあと，すぐに「コンパスを使って二等辺三角形の作図」に入っている。

　コンパスで円をかき続けてきた3年生の子どもは「二等辺三角形をかこう」と言われたときに「コンパスを使えそう」と思う子どもはほとんどいない。

　そこで，教科書での指導の順を次のように組み替えた。

①色棒を使っての活動から二等辺三角形，正三角形を定義する

②折り紙を使って正三角形をつくる活動

　折り紙で等しい長さを測りとる経験をする。

③点を結ぶと二等辺三角形，正三角形ができる活動

　円周上の点と中心を結べば，半径が等しいので正三角形，二等辺三角形がかける経験をする。

④重なった円の中に正三角形を見出す活動

⑤円の中心と半径を使って二等辺三角形，正三角形をかく活動

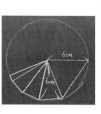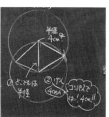

⑥コンパスを使った二等辺三角形，正三角形の作図

　円の半径を使いながら，正三角形，二等辺三角形を作っていく活動をコンパスでの作図の前に位置づけていった。

③ コンパスを使って正三角形をかく活動

　単元の6時間目の授業である。フリーハンドで正三角形っぽい形をかき，正三角形をかくことを課題として示した。

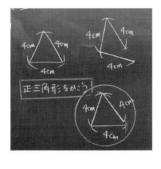

　「辺の長さが同じになればいい」という発言があったので，3つの長さが等しいから等しい長さの辺を3つかいてみても正三角形にならないことを示した。「円を使えばかける」という発言も出た。そこで，円の中に正三角形をかこうとしたがうまくかけない例を示し，個人でかいてみる時間をとった。

　子どもからは3つの方法が出された。1つ目は4時間目に行った重なった円の中に正三角形をかく方法である。半径の長さが等しいので正三角形がかけるという説明がされた。

　2つ目がコンパスで等しい長さを「チョンチョン」とかく方法。発表した子は家の人にかきかたを教わったという。しかし，どうしてこの方法でかけるかという説明はできないでいた。他の子が「1つ目でかいた方法とほとんど同じだよ」と「チョン」という印を伸ばして円を2つかいた。「チョン」が円の一部分であることが見えてきた。この方法は，正三角形をかくために，大きな円を2つかかなくてもいい方法として認められた。

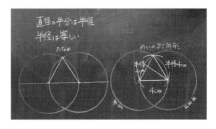

　ここで円をかくことで，円の一部分になっていることは，6年のいわゆる「葉っぱの形の面積」を作図するときにも使える方法である。円の一部分を示されるために，扇形の重なりをイメージできないのであって，かかれていない円を描くことで円が重なっていることがイメージできるようになるのである。

　話を戻して，3つ目の方法。これは5時間目に行った円の半径を利用して正三角形をかく方法である。①どこでもいいので，半径を1本引く。②半径と

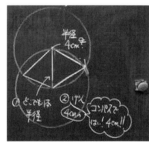

等しい長さの弦（4時間目に言葉を教えている）を引く。③弦の端から中心に半径を引く。

　②で弦を引くときに，子どもは定規を使って長さを測っていた。そこで，コンパスを使って「チョン」とすることで長さを測れることを教えた。そして，「チョン」を伸ばすことで円を示した。すると最初の2つのかき方を横にした形と同じであることが見えてきた。3つの方法どれも同じであって，その一部分を使ってかいていることが見えてきたのである。

TANAKA Hidemi　AOYAMA Shoji　MORIMOTO Takashi　OHNO Kei　NAKATA Toshiyuki　SEIYAMA Takao　NATSUSAKA Satoshi

1本の補助線による追究活動
―デジタルスクールノートを活用して―
盛山隆雄

■ 面積が等しい三角形を見つけよう

（1）問題提示

本実践は，内田洋行のデジタルスクールノートというツールを使い，スクリーン上に問題を提示した。

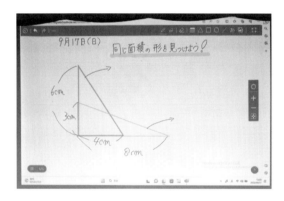

子どもたち一人一人が端末を用い，その問題を手元でも見ることができた。2つの直角三角形を実際に目の前で作っていき，子どもたちは，その構成を見ることができた。

それから，次のように発問した。

「同じ面積の形を見つけよう。まずは，誰でも面積が等しいとわかる形はどれかな？」

（2）面積が等しい図形

最もわかりやすい形として，重なっている2つの直角三角形が発表された。そして，別の子どもが理由を説明した。

「赤の底辺は青の半分で，赤の高さは青の2倍だから，赤と青は，面積は等しいです」

赤と青というのは，色をつけて提示された2つの直角三角形のことを示していた。

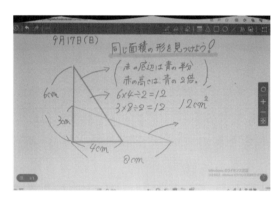

このような関数的な説明に対して，シンプルに2つの直角三角形の面積を導いて，「2つとも面積が12 cm²だから等しいです」と説明する子どももいた。

次に，重なっていない部分の三角形の面積が等しい，と発表された。この理由については，まだ説明できない子どももいたので，時間をとってみんなで話し合った。

デジタルスクールノートの協働編集の機能を使用して，スクリーンに投影されている画面に複数の子どもが順に書き込みながら説明をしていった。

「さっき，2つの直角三角形は面積が等しいって話したでしょ。その直角三角形からこの同じ四角形を引くから，残った三角形（○印のついた形）の面積も等しくなります。」

最後には，ペアでも説明し合い，全員が確実にこの論理を説明できるようにした。

(3) 子どもの主体性の発露

このとき，ある子どもが次のように話した。
「1本線を引いてもいいですか」

この発言に対して全員に問い返した。
「どうして○○さんは，1本線を引きたいと思ったのかな」
「もしかして，1本線を入れると，同じ面積の形がもっとできると思ったんじゃない？本当にできるのかな」

このような対話が続いた。その子どもは実際，1本補助線を引くことで，同じ面積の形を見つけていたのである。このように自ら課題を設定しようとする行為こそ主体性の現れと考え，その発想の源を対話によって引き出すようにしている。

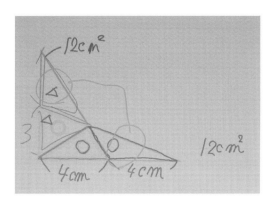

(4) 底辺と高さへの着目

1本の補助線が入った図が前頁下の図である。

この図をヒントに，どの形とどの形が面積が等しいのか，改めてみんなで考えた。
「底辺が4cmで同じでしょ。高さも同じだから，○の2つの三角形の面積は等しいです」
「△の2つの三角形も底辺は3cmで高さも同じだから，面積は等しいです」

このような説明がなされていった。このとき，あることに気が付いた子どもがいた。
「○も△も面積は4cm²で同じだ！」

その子どもは，直角三角形の面積が12cm²だったので，12÷3＝4と計算して1つ分の三角形の面積を導いていた。

(5) 発展的考察

本教材は，下の図のように発展させたいと考えていた。「高さを$\frac{1}{3}$，底辺を3倍にした直角三角形を作ります。同じ面積の形を見つけよう」である。

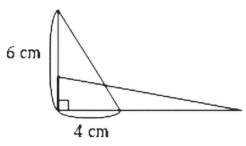

誌面の都合で示すことはできないが，この発展問題についても，実に多様な同じ面積の形を見つけ，説明することができた。子どもたちの知的好奇心が躍動する授業となった。今度は，多くの子どもたちが自ら補助線を引き，考察していた。

約束事を整理する

夏坂哲志

1 何種類なのか？何個なのか？

今年の算数サマーフェスティバルは，4年ぶりに対面開催ができた。そこで授業をさせていただいたのだが，久しぶりの大きな舞台を前に，あれこれと考えすぎてしまった。その結果，どこに向かっているのかわからない授業になってしまった。

その反省を踏まえ，夏休みが明けてから，もう一度，同じクラスで，当初の予定通りに授業を行ってみることにした。

4年生の「面積」の導入場面である。

下の図のように並んだドットを見せて，「点と点を直線でつないで，正方形か長方形をつくります」と告げた。

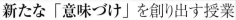

すると，子どもの方から，「めっちゃ作れる」という声が聞こえてきた。この言葉は，何通りかの形が思い浮かんだことを表している。この子のように，何種類かの形を考えようとしたり，その数に関心が向けようとしたりする子が増えることを期待して，この「めっちゃ作れる」という言葉を取り上げ，黒板にも書いておく。

すると，今度は，K児が「おんなじ大きさの四角を1と数えていいんですか？」と尋ねてきた。この子はすでに，形の数を考え始めていることがわかる。そして，数えようとしたときに，困ったことに出合ったのである。そのことを示している言葉である。

K児は，これからみんなで正方形や長方形の数を数えて，その数を確認するときに必要となる約束事について質問をしているのだが，そのことに気づいている子はまだほとんどいない。この子の気づきににみんなの意識を向け，その意味を明らかにする必要があると私は考えた。

そこで，K児の言ったことをどのように聞き取ったのかを別の子に話してもらうことにする。

M児は，「おんなじ形でも違う場所にかけるから，それを2つとして見ていいのか，おんなじだと見ればいいのか……」と言い変えた。K児を含め，数人はうなずいているが，まだみんなには伝わっていない。その雰囲気を感じたS児は黒板の図のところに出てきて説明を始めた。

「たとえばだけど，ここに正方形があったとして，違うこっち側にもう1個正方形をかいたときに，1つとして見るのか，2つとして見るのかとい

うこと」と，かかれていない2つの正方形（下図）を指で示しながら，M児の言いたかったことを説明してくれた。

ここ　　　　　　　　　　違うこっち側

さらに，この説明が終わったところで，I児が「何種類か，何個か」と付け加えた。

ここまでを黒板上で整理して，「この時間は何種類かを考えていく」ことを確認した。子どもは，「じゃあ，あんまりできなくなっちゃった」と言いながら，正方形や長方形を考え始めた。

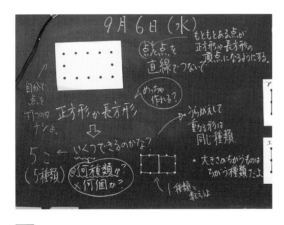

2 形は違うけど大きさが同じ形は？

子どもからの質問はまだ続く。

Y児「裏返しはどうですか？」

S児「点を結んだ線が交わってできる正方形は数えるんですか？」

F児「線を斜めに引いてもいいですか」

いざ調べ始めると，予想していなかった疑問が次々と出てきて面白い。

その中で，Y児は「違う大きさは2つと数えるんですか？」と尋ねてきた。子どもは当然そのように考えているのだろうと思っていたのだが，確かにこのことはきちんと確認していなかった。と同時に，初めて「大きさ」の話題が出てきたことに気づいた。

そこで，Y児の質問に対して，「いろんな大きさができるんだね」と返すと，これを聞いていたS児が「形は違うけど大きさは同じものは2つと数えるの？」と言い出した。

それに対して，「そんなのあるの？」と言いながら全体に投げかけてみると，どうもはっきりとしない。そこで，このS児の疑問を取り上げて，みんなで考えていくことにする。

黒板に「形は違うけど，大きさが同じ正方形や長方形はあるのかな？」と書き，枠囲みをする。そして，これを調べるために，次の手順で作業を進めることを確かめた。

①正方形や長方形を全部かく。

②同じ大きさの形をさがす。

③同じ大きさであることを説明する。

最終的に，子どもたちは，下図の2つの形が同じ大きさであることを見つけることができた。

説明の仕方は2通り。

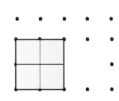

1つは，右図のように線を引き，マス目4個分であるという説明。もう1つは，切って移動すれば同じ形になるという説明である。

子どもの疑問を一つ一つみんなで解決し，約束事を整理していくことで，大きさを比べる方法を見つけることができたのである。

TANAKA Hidemi

AOYAMA Shoji

MORIMOTO Takashi

OHNO Kei

NAKATA Toshiyuki

SEIYAMA Takao

NATSUSAKA Satoshi

ⓘ 算数授業情報
information

634

第76回『算数授業研究』公開講座

日　時：10月21日（土）

授業者：森本隆史，中田寿幸

会　場：筑波大学附属小学校

テーマ：子どもの学びを深める評価の在り方

時　程：

9：15　受付

9：45　講座（4つから選択）

10：30　公開授業①　　授業者：森本隆史
　　1年「高学年の学びに繋がる図形授業」

11：20　協議会①

12：10　（昼食休憩）

13：20　公開授業②　　授業者：中田寿幸
　　4年「面積」

14：00　協議会②

14：55　講座　　講演者：夏坂哲志
　　「指導に活かす授業内での子どもの評価」

15：45　事務連絡

635

オール筑波
算数スプリングフェスティバル

日　時：3月2日（土），3日（日）

会　場：筑波大学附属小学校

授業者：田中英海，大野桂，盛山隆雄

講　演：森本隆史

636

第22回『算数授業研究』GGゼミ
（オンライン）

日　時：2024年1月13日（土）14：30〜17：00

テーマ：授業を成功へ導く教師の問い返し

担　当：盛山隆雄，大野桂

637

森本隆史主宰
算数授業を子どもと創る会(西日本代表)
授業研究会 in 広島

日　時：12月26日（土）　10：00〜16：00

会　場：広島大学東千田キャンパス
　　　　　　未来創生センター

テーマ：算数授業を左右する教師の判断力

時　程：

10：05　基調提案　森本隆史

第1部　授業中の判断「こんなとき　あなたならどうする？」

10：50　中学年提案　田渕幸司(兵附属小)

11：45　低学年提案　金子真代(広島公立小)
　　　　　高学年提案　岡本貴裕(山口公立小)

第2部　授業前の判断「『このページ』の」見せ方・問い方をどうする？」

13：30　ビデオ授業提案　森本隆史
　　1年「くり下がりのあるひき算」

16：00　閉会

詳細・申し込み↓

638

夏坂哲志推薦 新刊紹介

柳瀬泰・著
『教えるということ　学ぶということ』

学校図書株式会社　定価1,980円（税込）

> 夏坂推薦

教材の本質と，それをどう扱えば子どものハテナ？なるほど！を引き出せるのかが，柳瀬先生の穏やかな語り口で述べられています。読後，すぐに授業がしたくなりました。

639

冬季全国算数授業研究大会 宮城大会

日　　時：12月2日(土)

会　　場：仙台白百合学園小学校

テーマ：「いま」算数に求められる「つながり」　～授業で結ぶ「点」と「点」

時　　程：

＜午前＞

○受付　8：30-

	1年	2年	3年	4年	5年	6年
公開授業①	成澤結香里（山形大学附属小）	平井　孝（名取市立館腰小）	三井雅視（宮城教育大学附属小）	木村　壮（仙台市立袋原小）	佐々木千鶴（仙台白百合学園小）	
公開授業②	中村　佑（仙台市立寺岡小）		田中英海（筑波大学附属小）	樋口万太郎（香里ヌヴェール学院小）	志田倫明（新潟市立上所小）	重松優子（別府市立亀川小）
公開授業③	2年　　大野　桂（筑波大学附属小）			6年　　青山尚司（筑波大学附属小）		

○昼食休憩

＜午後＞

○協議会①，協議会②，協議会③

○シンポジウム　　夏坂哲志（筑波大学附属小）

　　　　　　　　金子倫昌（元仙台市児童館館長）　他

＜問い合わせ＞　宮城大会事務局

miyagi.jugyoken@gmail.com　（宮城県仙台市立寺岡小学校 中村佑）

申し込み QR より

ⓔ 編集後記
editor's note

◆本誌の特集で「評価」を取り上げるのは，第34号（2004年）以来ではないかと思う。

　その号の特集題は「『考える力』の評価はどうあるべきか」。読み返してみたが，当時とは違う視点で読むことができた。

　今回は，第34号の特集を企画した山本良和先生にもご執筆いただいた。子どもが学習対象に初めて出合う場でこそ「思考・判断・表現」する姿を見取ることができる。これを意識して授業設計をしていきたい。

◆「主体的に学習に取り組む態度はどう評価すればよいのか」という質問を受けることがある。田村学先生にご提案いただいた「性格特性の五因子」を，いかに具体的な子どもの姿で言語化できるかということが，この評価の鍵になりそうである。

◆今井むつみ先生には，言語心理学の見地から貴重なお話を伺うことができた。人間は時間が経つと忘れてしまう。そのことを認め，関連付けていく学習を楽しく繰り返すことを心がけたい。また，数感覚を豊かにしていくことの重要性を改めて認識した次第である。あっという間の楽しい1時間半であった。

◆本号の編集作業が最終段階に入った頃，訃報が入ってきた。本校OBの手島勝朗先生ご逝去の知らせである。

　読者の皆さんもご存じだと思うが，全国算数授業研究会を立ち上げた初代会長であり，本校の研究企画部長なども歴任された。

　これまでのご指導に感謝申し上げるとともに，心よりご冥福をお祈りいたします。合掌。

（夏坂哲志）

ⓝ 次号予告
next issue

No.150

特集　AI時代を生きる子どもたちに算数授業で育てたい力

　AIの発達によって「将来，AIに仕事を奪われるのでは？」と不安の声が上がるなか，現代の子どもたちに算数授業で育てたい力とはどのようなものなのか。そして，これからの算数授業を創っていくときに，「算数授業の何をどう変えていったらいいのか」ということについて考えていきたい。

ⓢ 定期購読
subscription

　『算数授業研究』誌は，続けてご購読いただけるとお得になる年間定期購読もご用意しております。

■ 年間購読（6冊）5,292円(税込)
　［本誌10%引き！　送料無料！］
■ 都度課金（1冊）980円(税込)
　［送料無料！］

　お申込詳細は，弊社ホームページをご参照ください。定期購読についてのお問い合わせは，弊社営業部まで（頁下部に連絡先記載）。　https://www.toyokan.co.jp/

算数授業研究No.149
2023年10月31日発行

企画・編集／筑波大学附属小学校算数研究部
発　行　者／錦織圭之介
発　行　所／株式会社 東洋館出版社
　〒101-0054　東京都千代田区神田錦町2丁目9番1号
　　　　　　　　　　　　コンフォール安田ビル2階
　　電話　03-6778-4343（代　表）
　　　　　03-6778-7278（営業部）
　　振替　00180-7-96823
　　URL　https://www.toyokan.co.jp

印刷・製本／藤原印刷株式会社
ISBN 978-4-491-05377-6　Printed in Japan

田中博史 全面監修

後期から使える下巻改訂版ついに刊行!

B5判 3,080円（税込）

ここが新しい

大好評頂いている板書シリーズ

◇ **新学習指導要領に対応**

子どもとの対話を板書しながら展開していく授業の実際がわかる!

◇ **執筆者による授業DVD付き**

授業づくりのポイントをより見やすく!!

◇ **全ページ見やすい2色刷り**

本書は『板書で見る全単元・全時間の授業のすべて』のシリーズの第3期になります。このシリーズは読者の先生方の厚い支持をいただき累計100万部となる，教育書としてはベストセラーと言えるシリーズとなりました。

今回のシリーズも執筆者集団には，文字通り算数授業の達人と言われる面々を揃えました。子どもの姿を通して検証された本物の実践がここに結集されていると思います。さらに，各巻には具体的な授業のイメージをより実感できるように，実際の授業シーンを板書に焦点を当て編集した授業映像DVDも付け加えました。

明日の算数授業で，算数好きを増やすことに必ず役立つシリーズとなったと自負しています。

板書シリーズ算数　総合企画監修
「授業・人」塾　代表　**田中 博史**
前筑波大学附属小学校副校長・前全国算数授業研究会会長

1年（上）執筆：小松信哉・中田寿幸・永田美奈子・森本隆史

山本良和 著　2年（上）

夏坂哲志 著　3年（上）

大野桂 著　4年（上）

盛山隆雄 著　5年（上）

尾﨑正彦 著　6年（上）

絶賛発売中!!

新 板書で見るシリーズ
特設サイトはこちらから↓

見やすい二色刷り

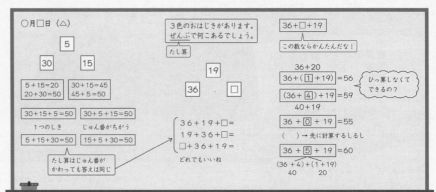

本時案

おはじきは全部で何個あるのかな？ 11/11

本時の目標
・3口のたし算場面を通して，たし算の交換法則や結合法則が成り立つことや，式の中に（　）を用いる意味を理解することができる。

本時の評価
・たし算の交換法則が成り立つことを理解することができたか。
・たし算の結合法則が成り立つこと及び（　）を用いて式を表す意味を理解することができたか。

準備物
・おはじきの数を書いたカード

右側タブ：
1 ひょうとグラフ
2 たし算
3 ひき算
4 長さ
5 1000までの数
6 かさくらべ
7 時こくと時間
8 三角形と四角形

授業の流れ

1 全部で何個あるでしょう？

問題場面を提示し，おはじきの個数を書いた3つのカード（30，5，15）を見せる。子どもは，たし算の場面だと判断し，個数を求める式を書く。そしておはじきの数は，2つの式でも1つの式でも求められること，足す順番が変わっても答えは同じだということを確かめる。

何色のおはじきの数から足してもよいので，たし算の交換法則が成り立つ意味が理解しやすい。

2 たし算は順番が変わっても答えは同じだから…

もう1組のおはじきの数（36，□，19）を示す。ところが，1つの色のおはじきの数は決まっていない。後で数を決めることを伝え，1つの式に表すことにする。

3 「36+□+19」の計算が簡単にできる数を入れよう！

「36+□+19」の□の中に，この数だったら簡単に計算できると思う数を書き入れさせると，上のような数を入れている。

4 どうしてその数にしたのかな？

友達が□の中に入れた数の意味を考える。
「1」は「1+19=20」になるから簡単だと言う。また，「4」の場合は，「36+4=40」になるから簡単で，どちらも足すと一の位が0になる数にしていることが分かってくる。
さらに「5」の場合は，これを4と1に分けて，「36+4=40」と「1+19=20」にしていることも理解される。

まとめ

たし算は足す順番を変えても答えは変わらないこと，そして，3口のたし算の場合に右側から先に計算しても左側から計算しても答えは変わらないことを確かめる。また，3口のたし算で先に計算することを表す記号（　）があることを教える。

36+（1+19）=56
（36+4）+19=59
36+5+19=（36+4）+（1+19）=60

各巻1本の授業動画付

1年(上) 中田 寿幸 「とけい」第2時

2年(上) 山本 良和 「たし算」第11時

3年(上) 夏坂 哲志 「わり算」第10時

4年(上) 大野 桂 「倍の見方」第1時

5年(上) 盛山 隆雄 「小数のわり算」第1時

6年(上) 尾﨑 正彦 「対称な図形」第1時
関西大学 初等部 教諭

東洋館出版社　主催

『算数授業研究』GGゼミ（オンライン）

　2020年から始まったオンラインセミナー，「頑張る先生と頑張る子どもを応援する算数ゼミ」（略称，GGゼミ）。対面の研究会も復活していますが，全国各地からの参加ハードルの低いオンライン講座でも，引き続き発信を続けます。

第22回　GGゼミ

テーマ：授業を成功へと導く教師の問い返し
日　時：1月13日（土）　14：30 - 17：00
講　師：盛山隆雄，大野桂

◆お申込み方法
左記の，東洋館出版社ECサイト「イベント一覧」ページからお申し込み下さい。
https://www.toyokan.co.jp/collections/online-event

『算数授業研究』編集部　主催

『算数授業研究』公開講座

　筑波大附属小算数部による恒例の授業公開講座を来年度も開催！
　授業公開と，授業の実際をもとにした白熱の協議会を行います！

第76回　公開講座

テーマ：子どもの学びを深める評価の在り方
日　程：10月21日（土）
授業者：大野桂，森本隆史

オール筑波 算数スプリングフェスティバル

日　程：3月2日（土），3日（日）
授業者：田中英海，大野桂，盛山隆雄
講　演：森本隆史

◆詳細はこちら
左記の「筑波大学附属小学校算数部ブログ」ページにて，詳細をご確認ください。
http://tsukuba-sansubu.cocolog-nifty.com/

※ 新型コロナウイルス感染症の影響や諸事情によっては，内容が変更となる場合もございます。

全国算数授業研究会 主催

冬季全国算数授業研究大会 宮城大会 〔授業公開〕

日　程：2023年12月2日（土）
時　程：8時30分〜
テーマ：「いま」算数に求められる「つながり」
会　場：仙台白百合学園小学校
概　要：10本以上の授業＆協議会，シンポジウム
問合せ：miyagi.jugyoken@gmail.com（仙台市立寺岡小学校 中村佑）

◆詳細はこちら
左記の「全国算数授業研究会」ページにて，詳細をご確認ください。
https://zensanken.jimdofree.com/

ISBN978-4-491-05377-6
C3037 ¥891E

定価：本体891円
　　　（税込980円）税10%

東洋館出版社

〔教育　教科教育　算数〕

授業研究会 in インドネシア

2023.08.23 - 25
バンドン→ジャカルタ→ジョグジャカルタ

#インドネシア教育大学 @バンドン

#森本の1年生の授業 @バンドン

#大野の2年生の授業 @ジャカルタ

#参会者の先生方と一緒に @ジョグジャカルタ

Bringing up children to ♥ MATH

Lesson Study in Mathematics

2021 Autumn

算数授業研究 137号

特集

全学年の図の指導

——図を使って考える子どもを育てる

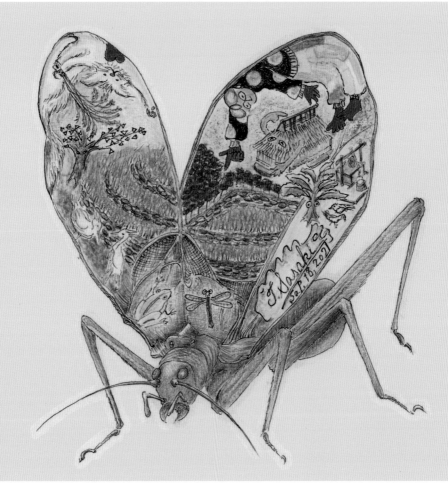

洋館出版社

筑波大学附属小学校算数研究部 企画・編集

子どもの思考と表現を支える図的表現

図を考える

数量や図形の概念や性質を表す図を考えたり，問題を解決するための図自体を自分で考えたりすること。

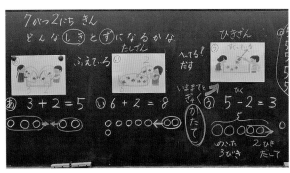

加法の場面の図を振り返り，新たに減法の場面の図を考えた。

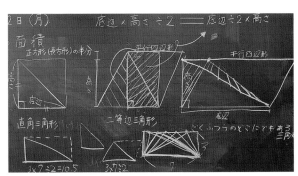

面積を求められそうな三角形をあげて，それらの三角形の面積の求め方を図に表した。

小数のかけ算の導入問題の図を自由に考えて，答えを求めた。

「父，母，妹，弟が1列に並ぶときの並び方は何通りか」という問題に対して，自分の考えを図に表して考えた。記号化するだけでなく，どのように整理して数えたのかがわかる図が登場した。

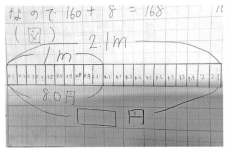

子どもの考えた小数のかけ算の問題の図である。比例数直線につながる考えである。

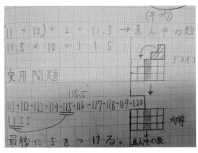

平均の意味を考えて表した図である。ならす操作がよくわかる。

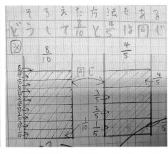

同値分数の意味を考えた図から，$\frac{1}{5}$ は $\frac{1}{10}$ の2倍と気づいた。